MW01442616

CREATE THE LIFE YOU CRAVE

Beautiful Journal

Property of:

Your *Beautiful Journal* is a powerful tool to explore and express your words, your stories and your life. Use it for personal growth, creative expression, mind-body awareness, or any other way that speaks to you in the moment. To get started, find a comfortable space in your home, office or outdoors. Turn off the phone, and ask others to give you 15 minutes of uninterrupted time.

Date each entry. This allows you to reconstruct life cycles, challenges, patterns and relationships when you read the entries at a later date.

Quiet your mind. Close your eyes, take a few deep breaths, and silence the chatter within.

Start writing. Forget about spelling, punctuation, grammar. Use your five senses – sight, sound, taste, touch, and smell – to provide vivid details.

Trust yourself. Write whatever pops into your head. Don't let your inner critic squelch the process.

Re-read your journal entry and jot down your reaction to the words.

You'll find prompts in my book, *Create the Life You Crave*, and on my website at www.lesliehamp.com.

Let your *Beautiful Journal* tell the story of your life!

– Leslie Hamp, Creative Catalyst

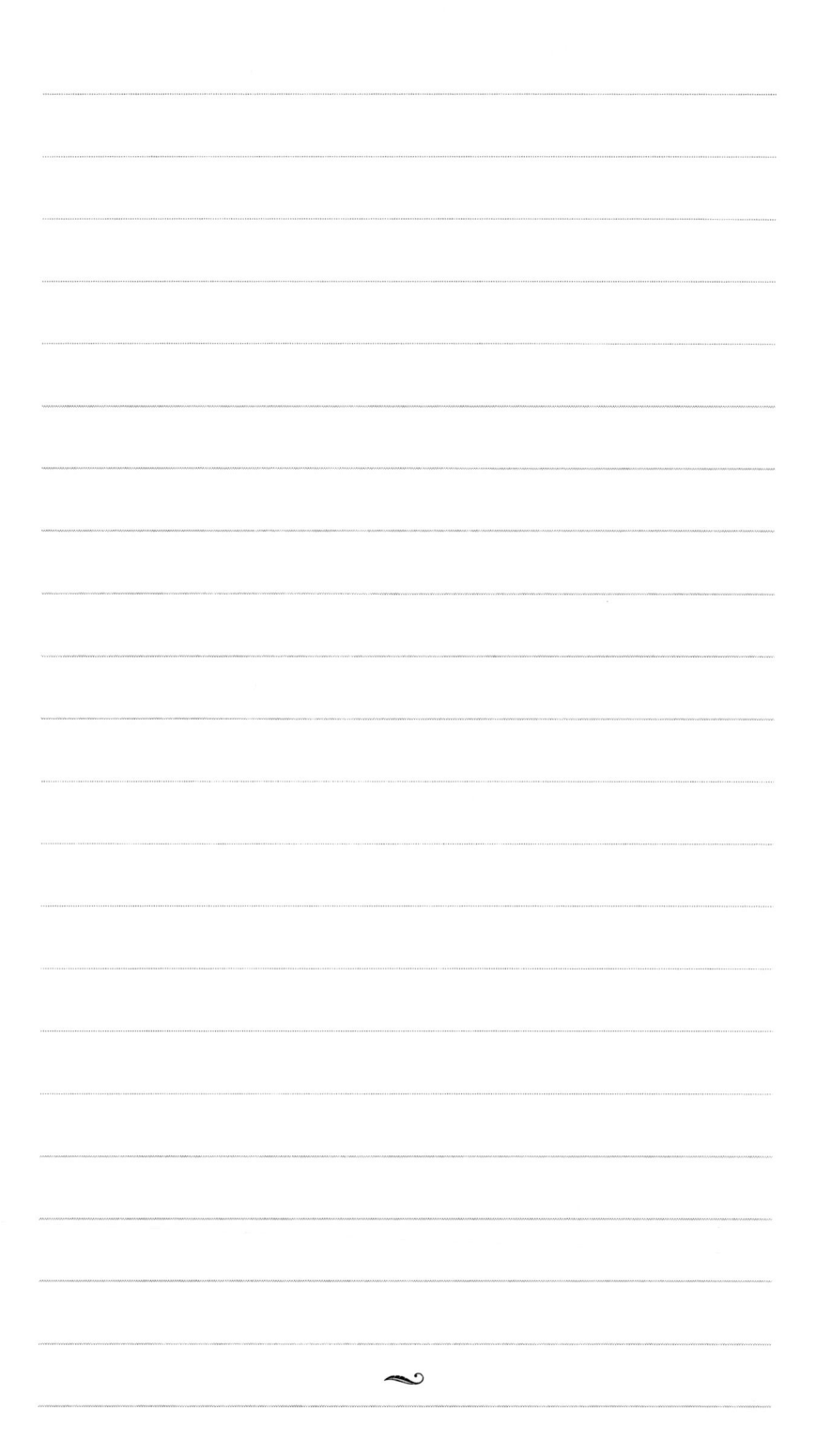

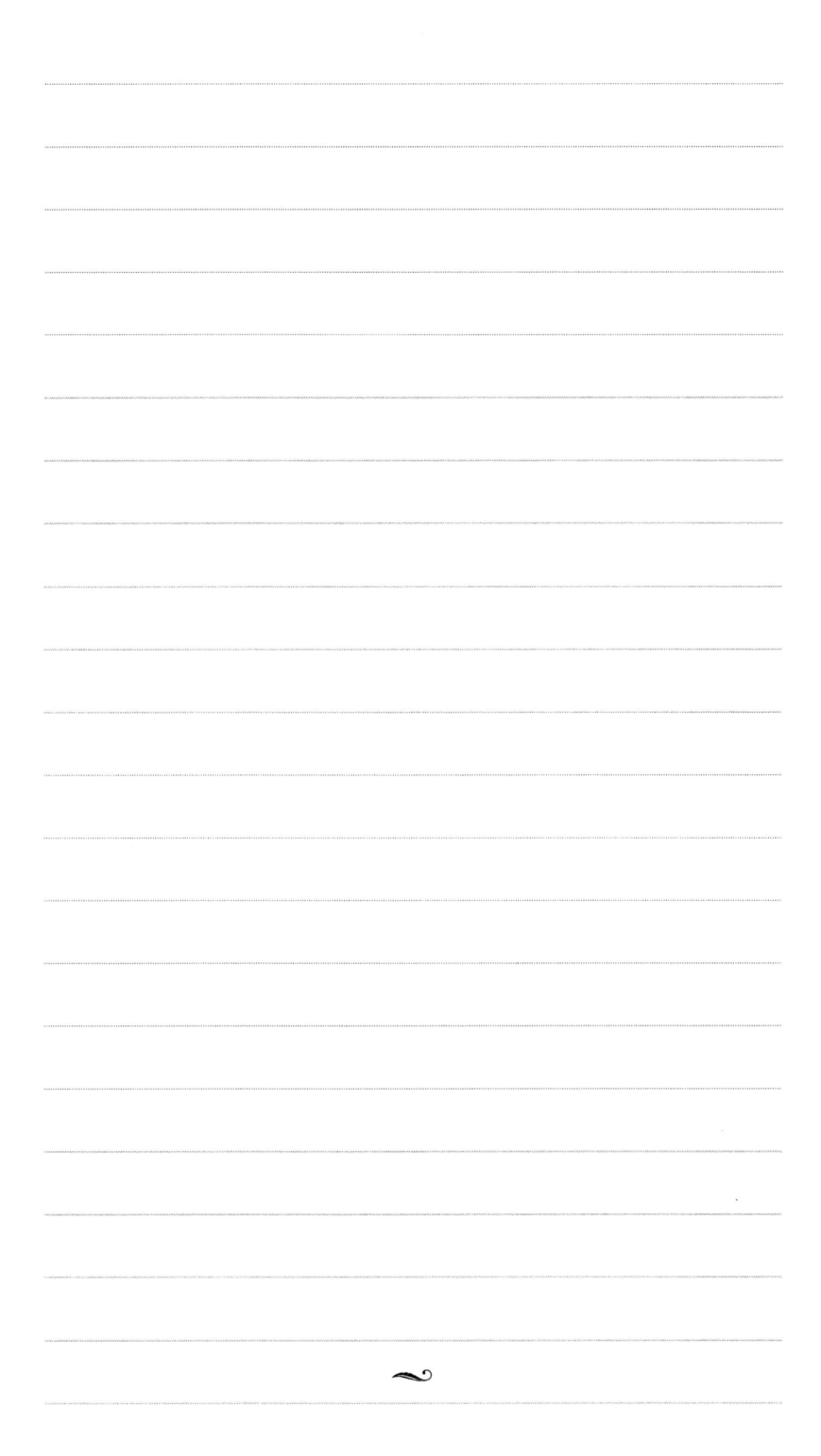

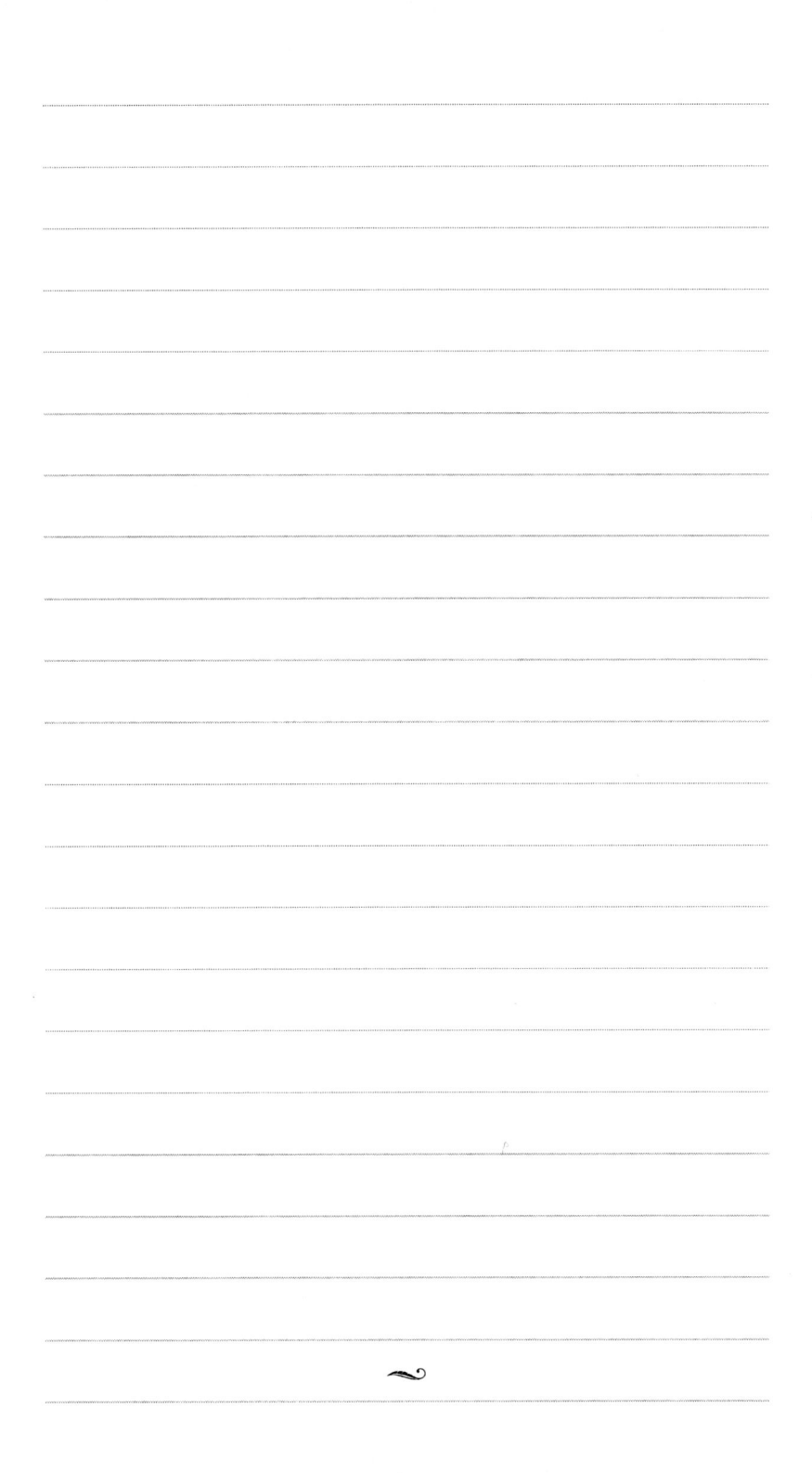

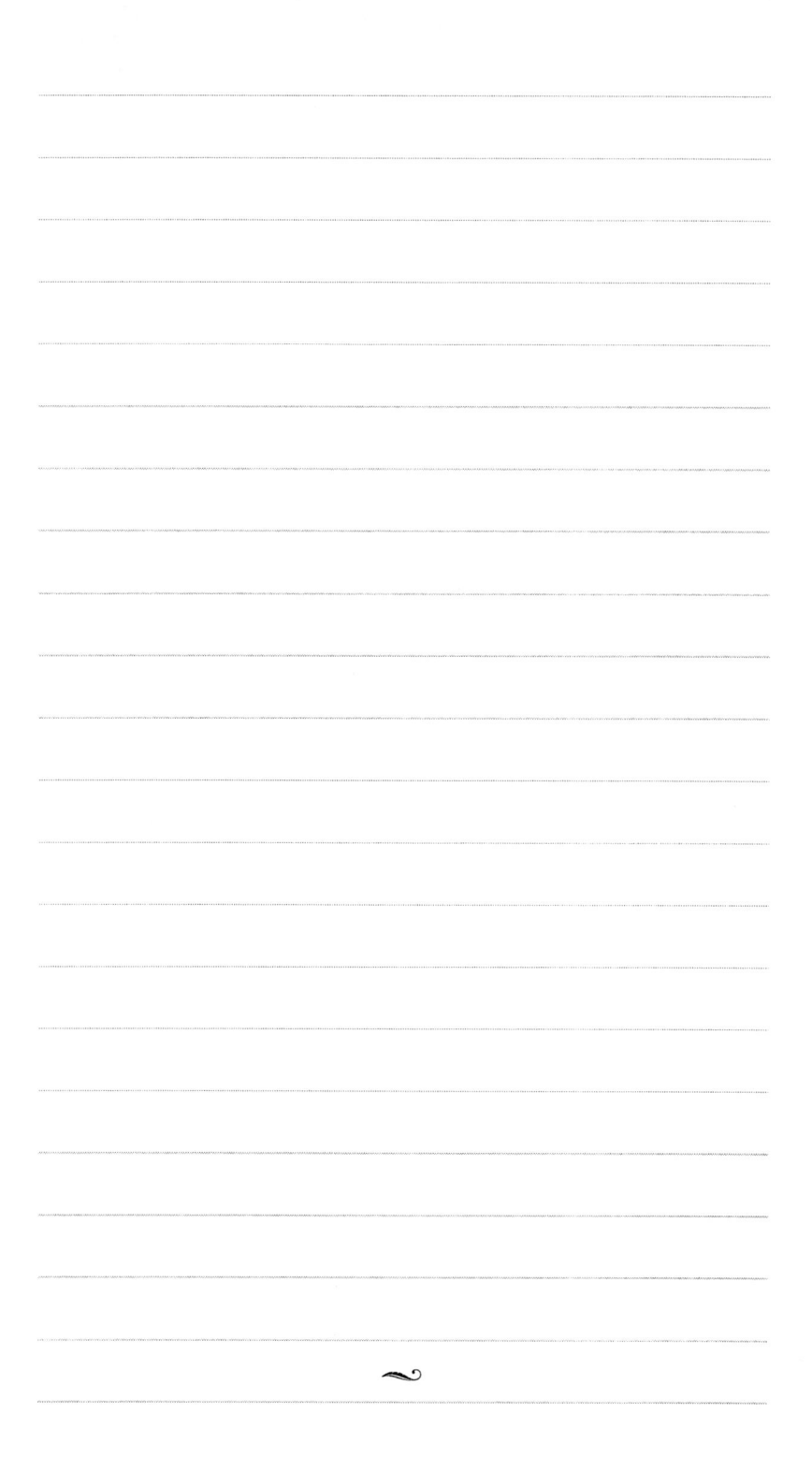

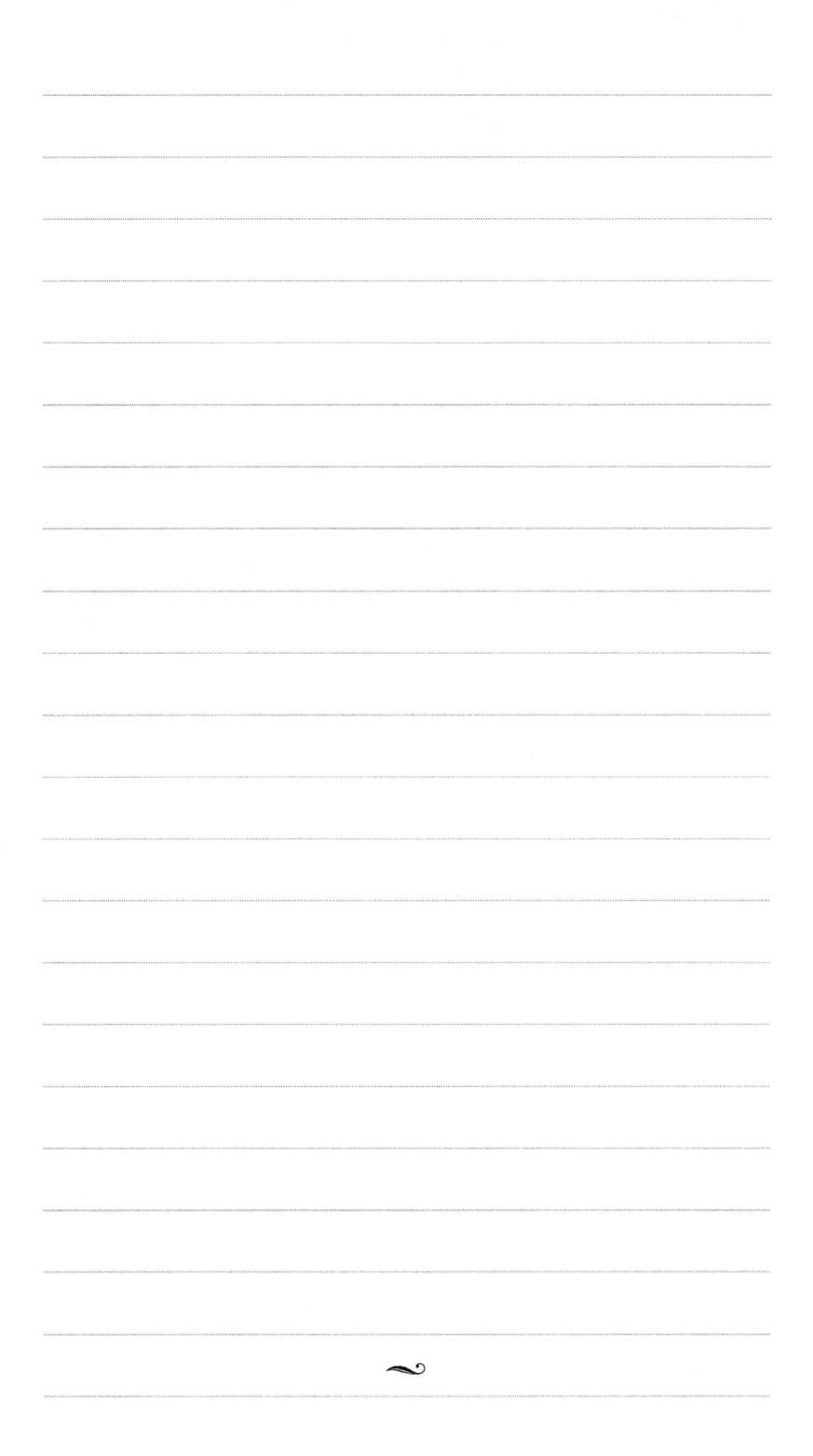

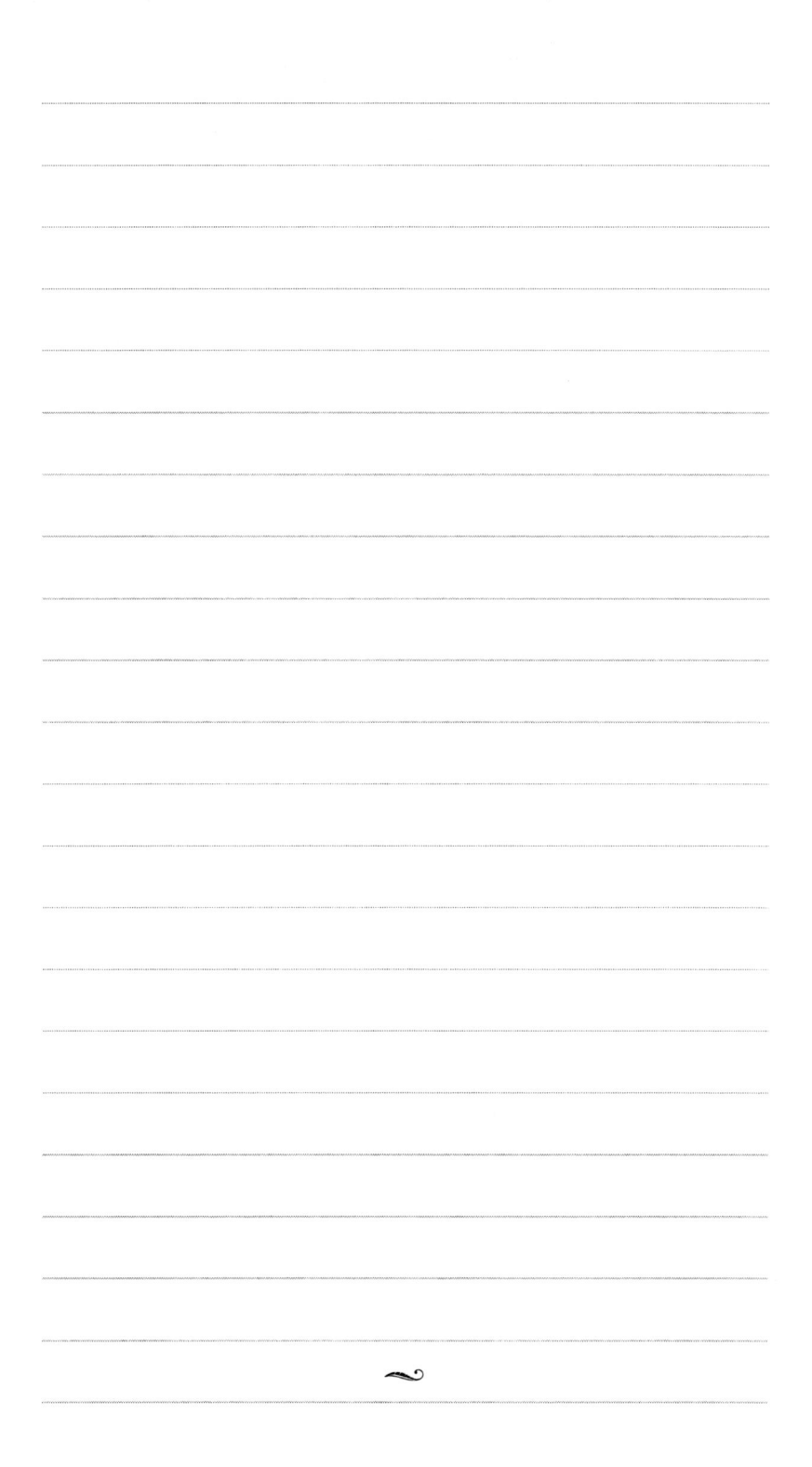

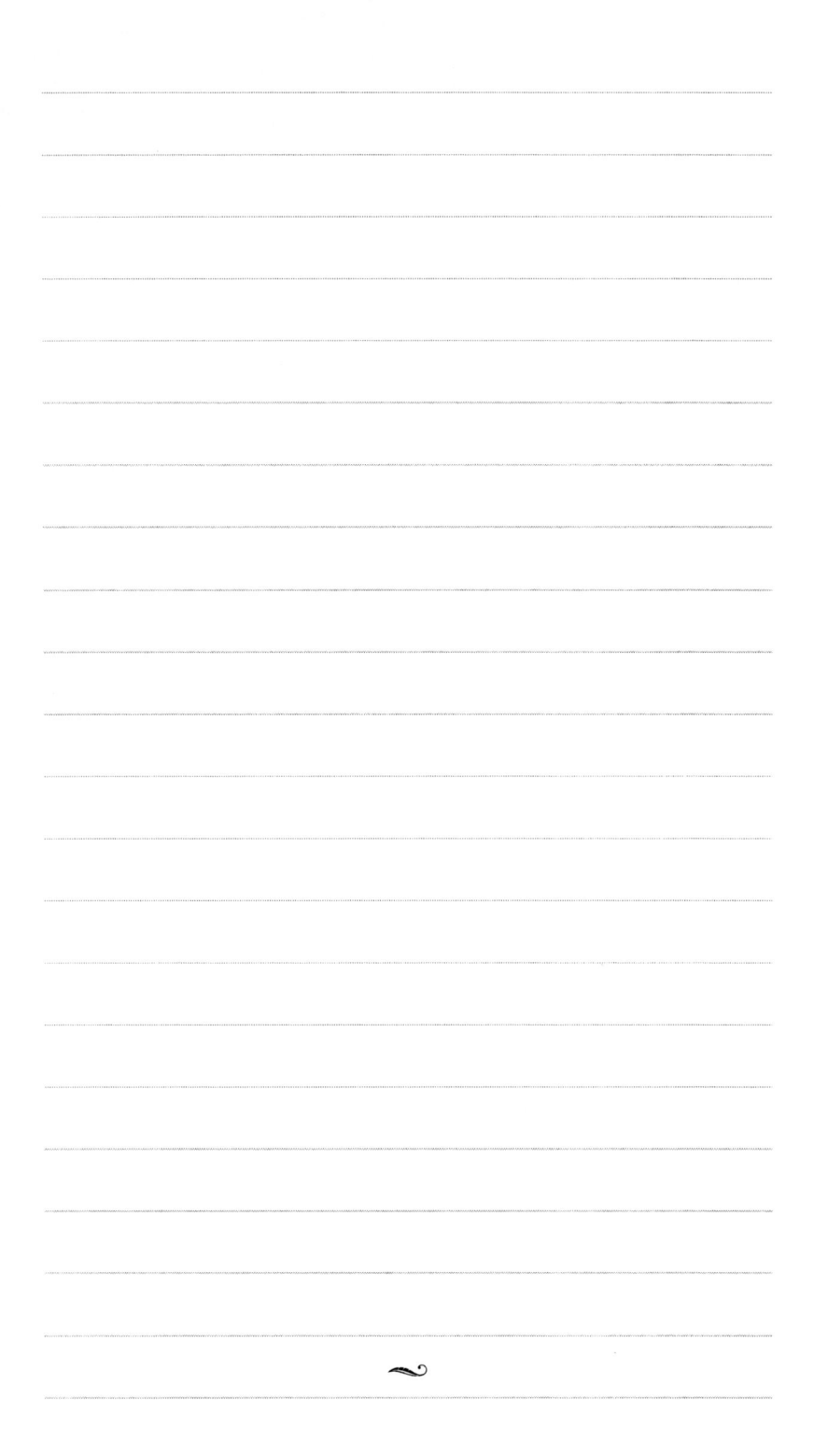

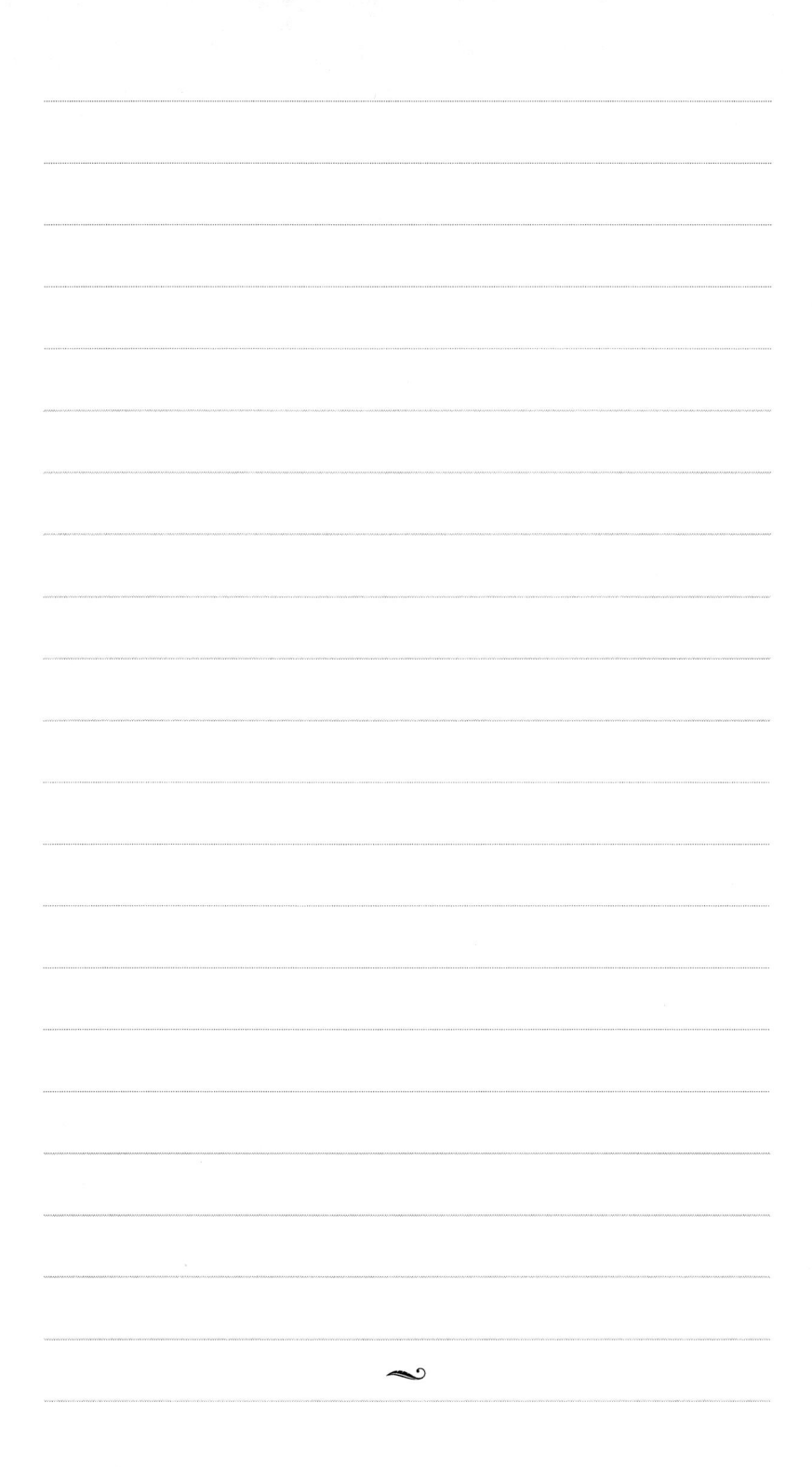

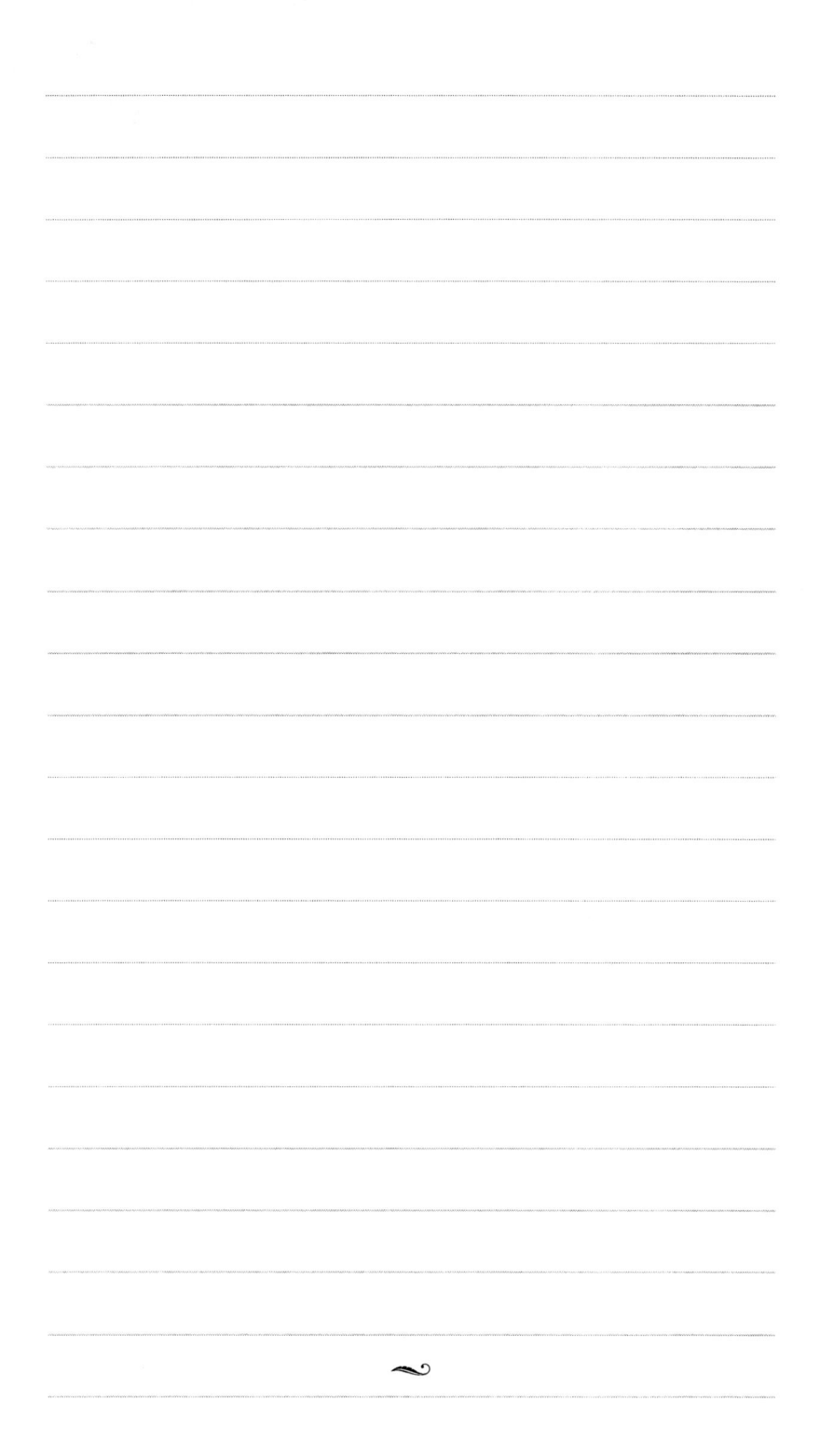

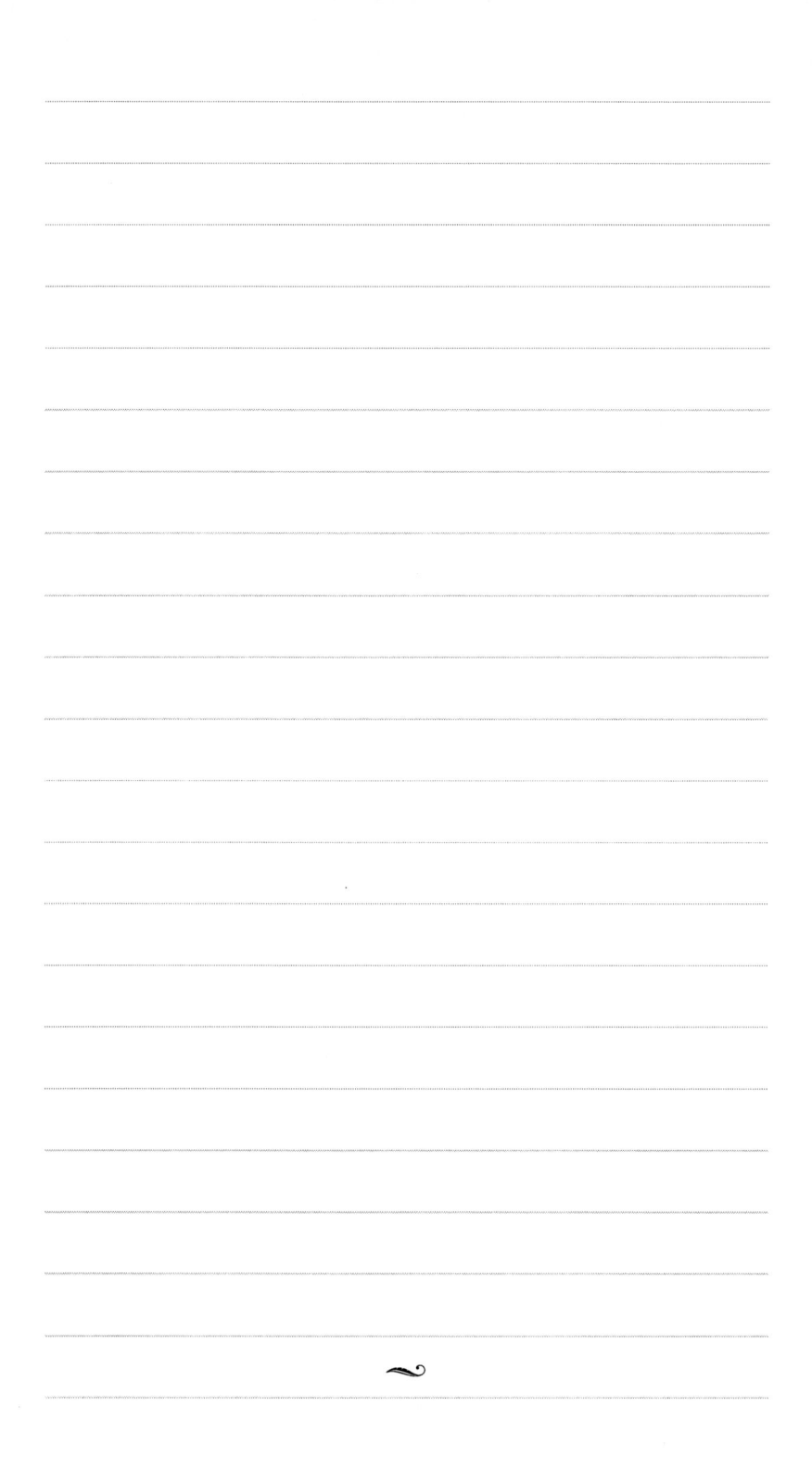

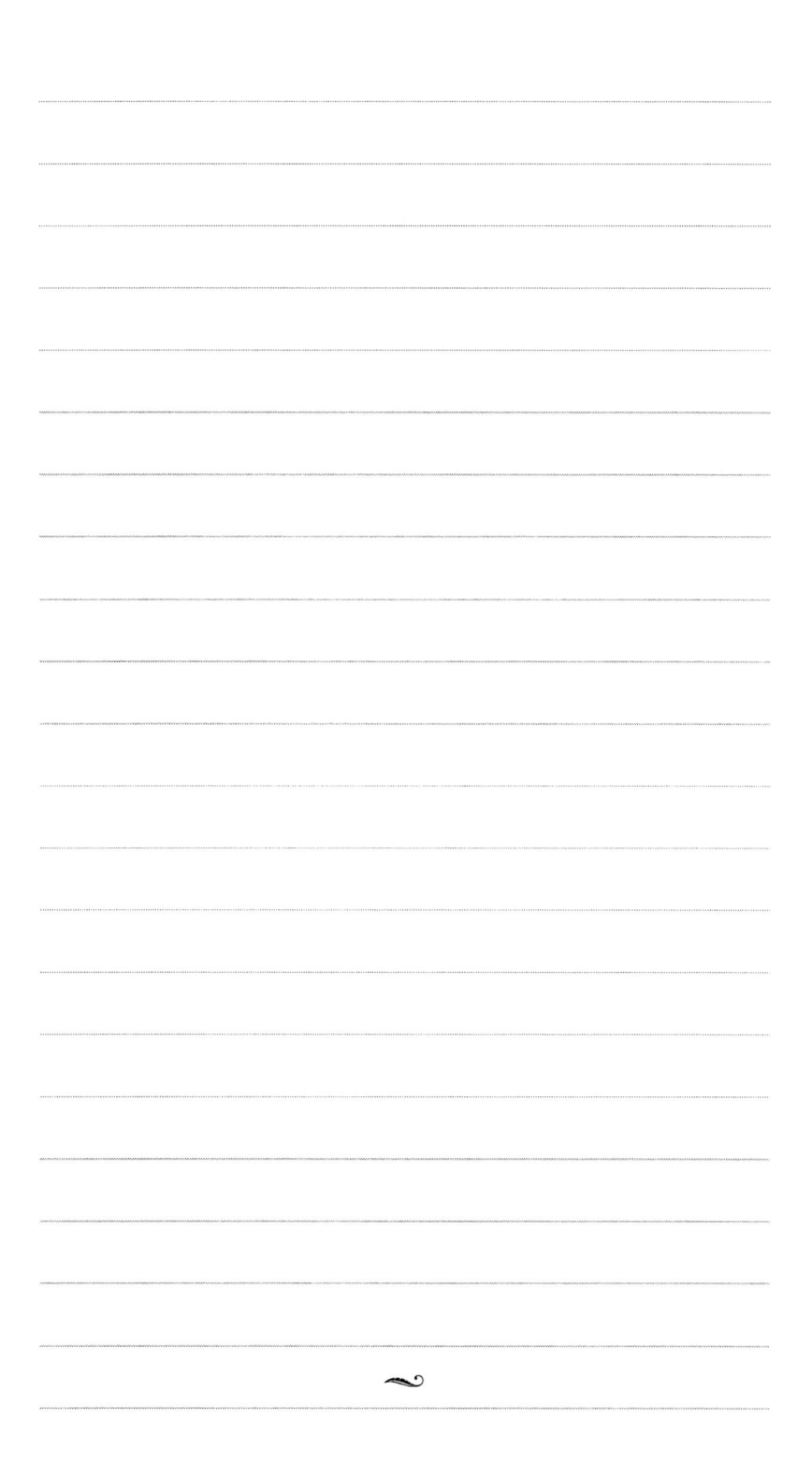

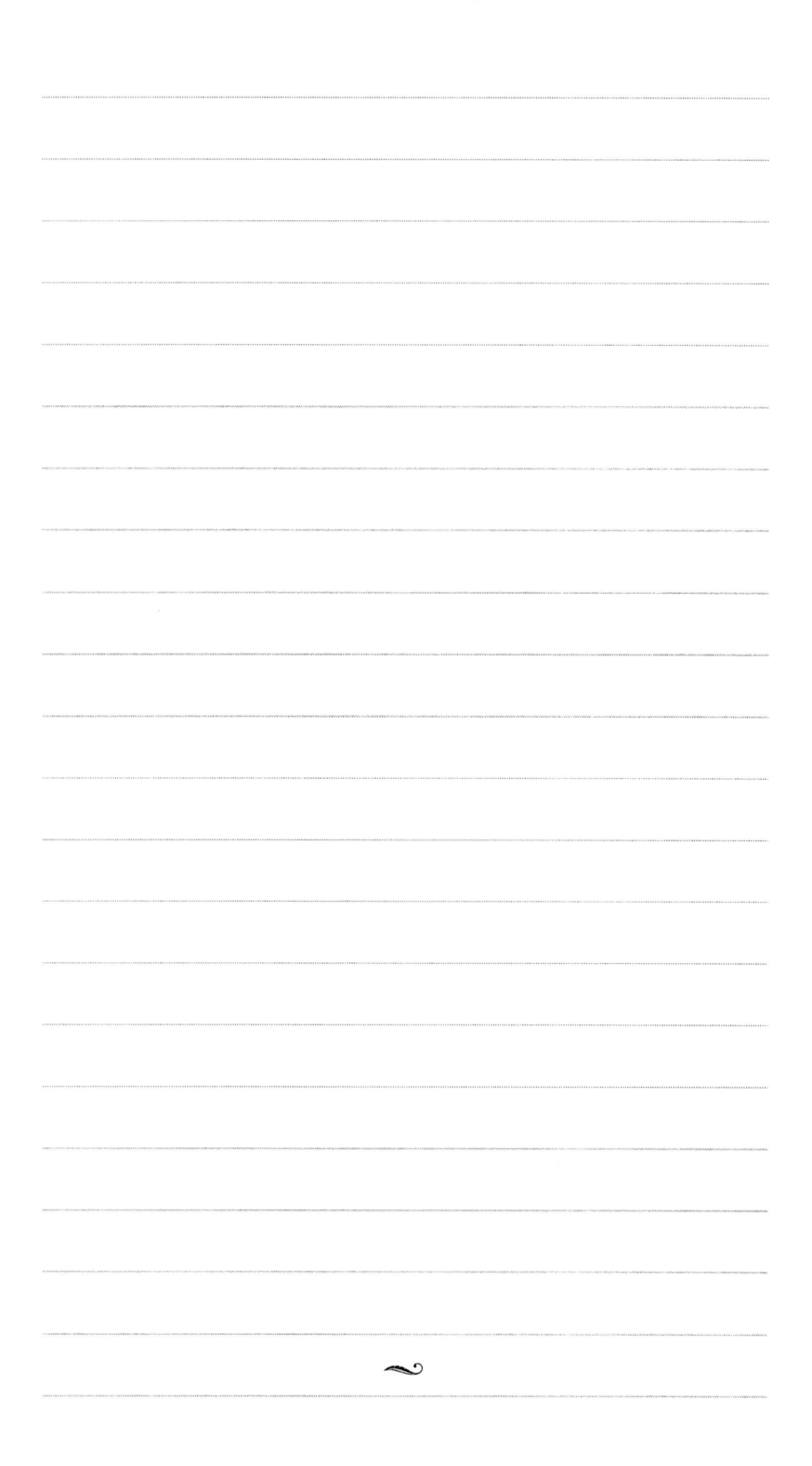

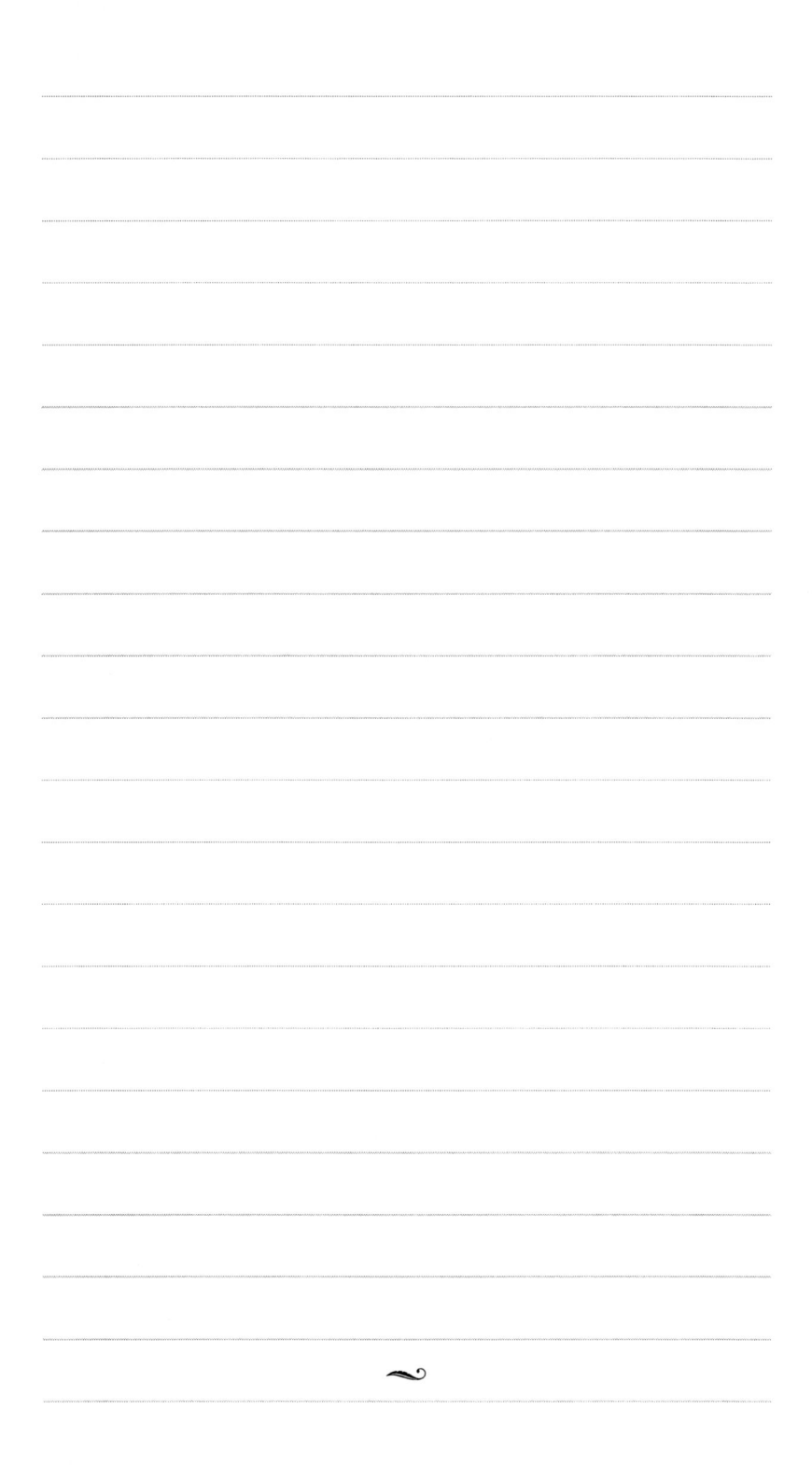

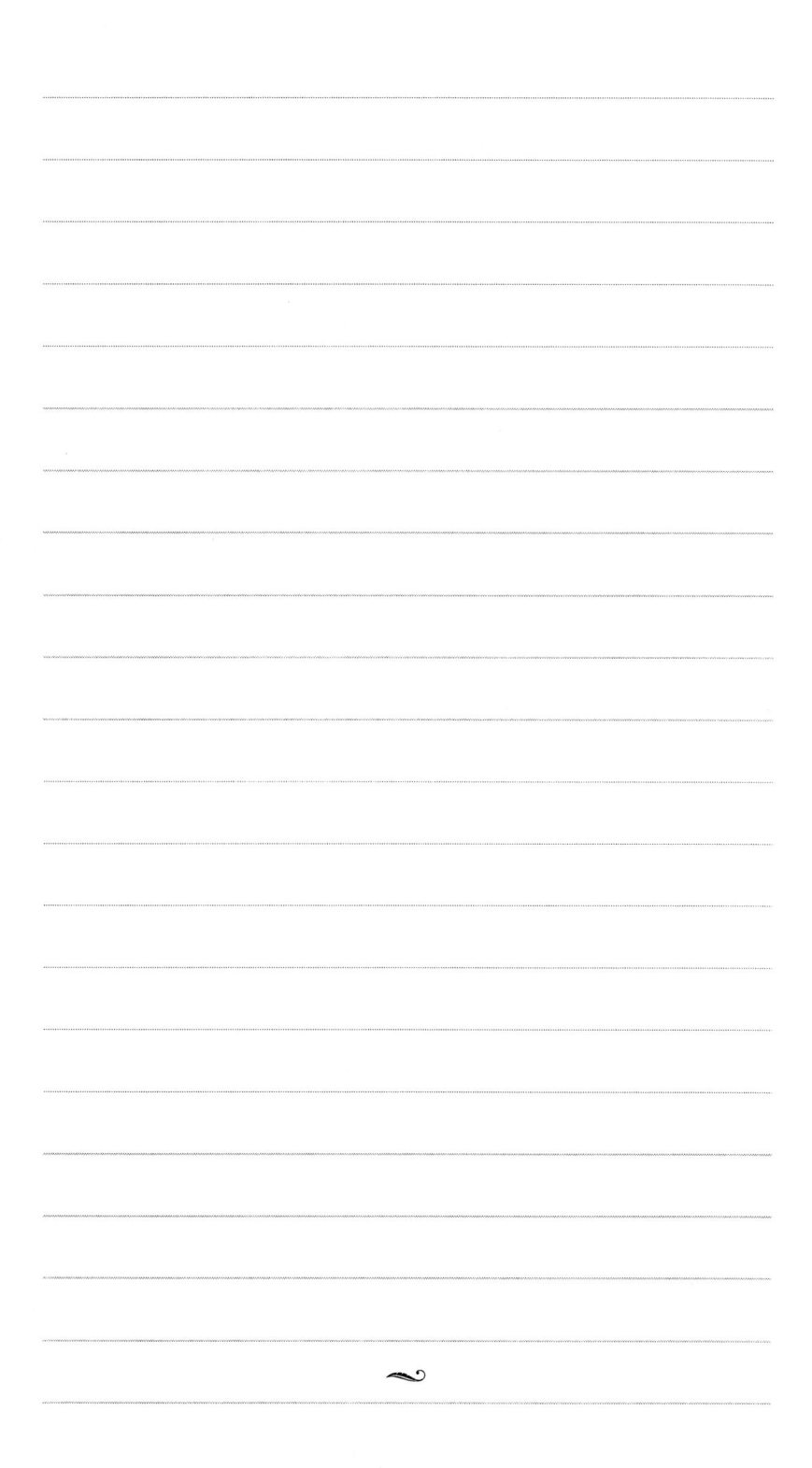

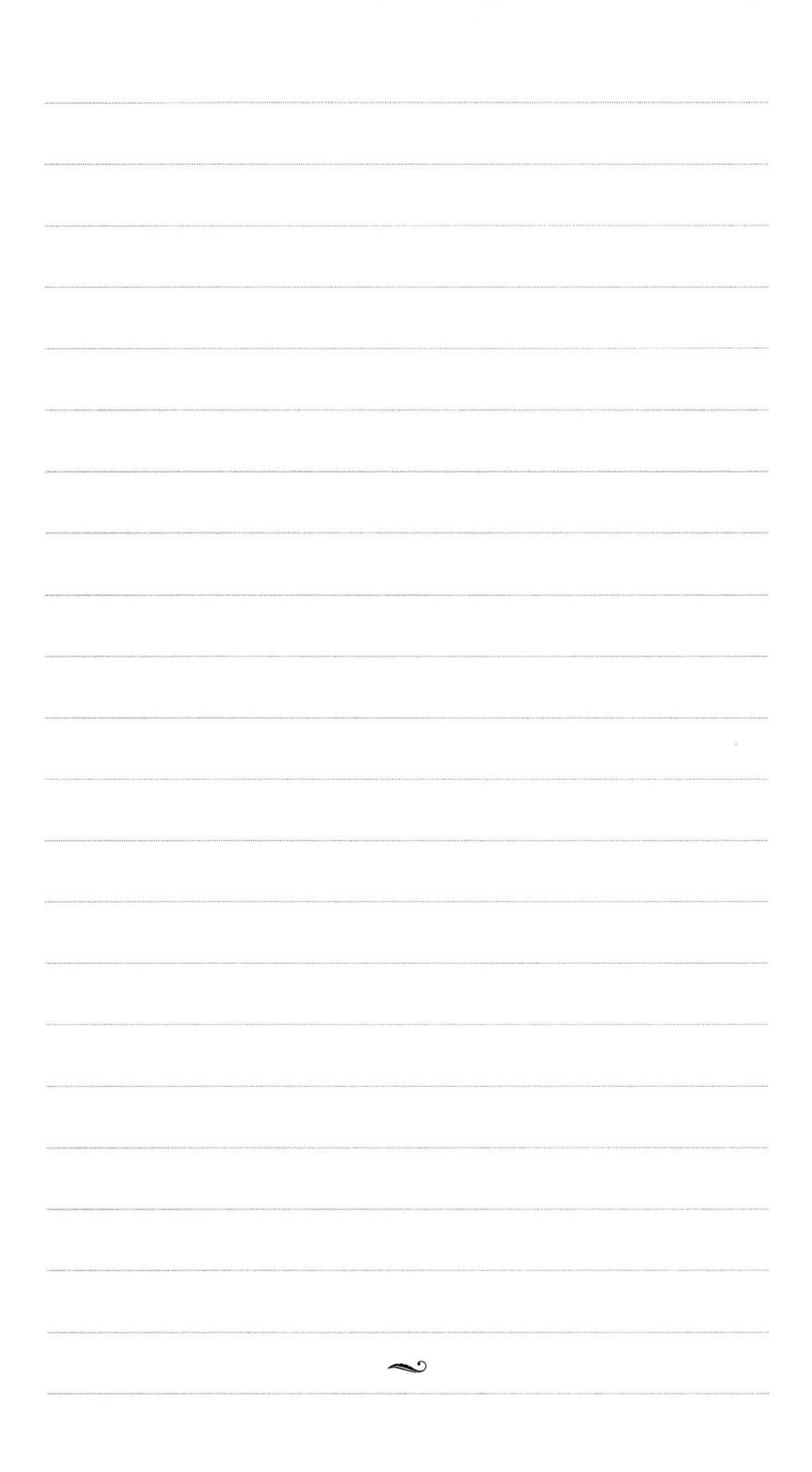

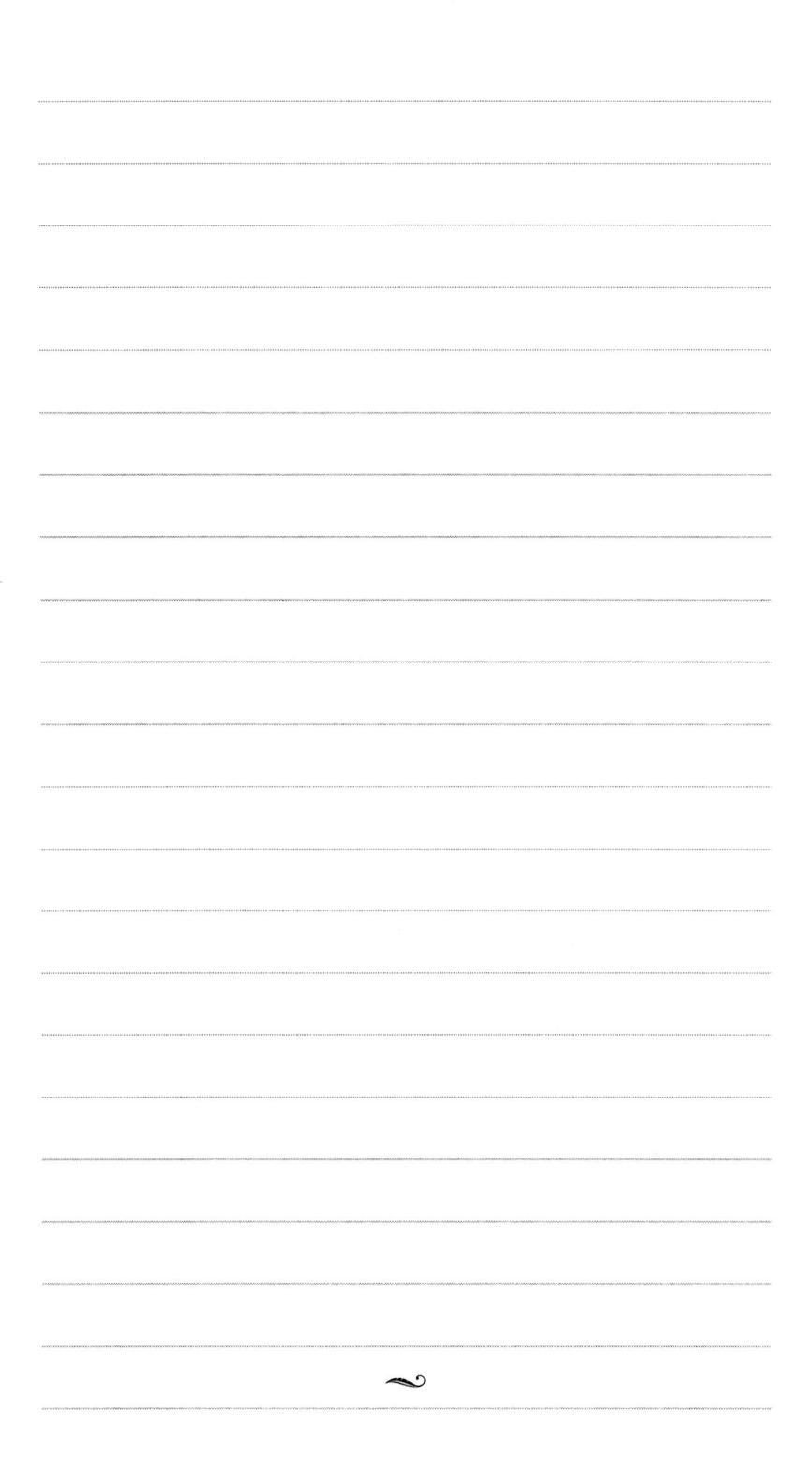

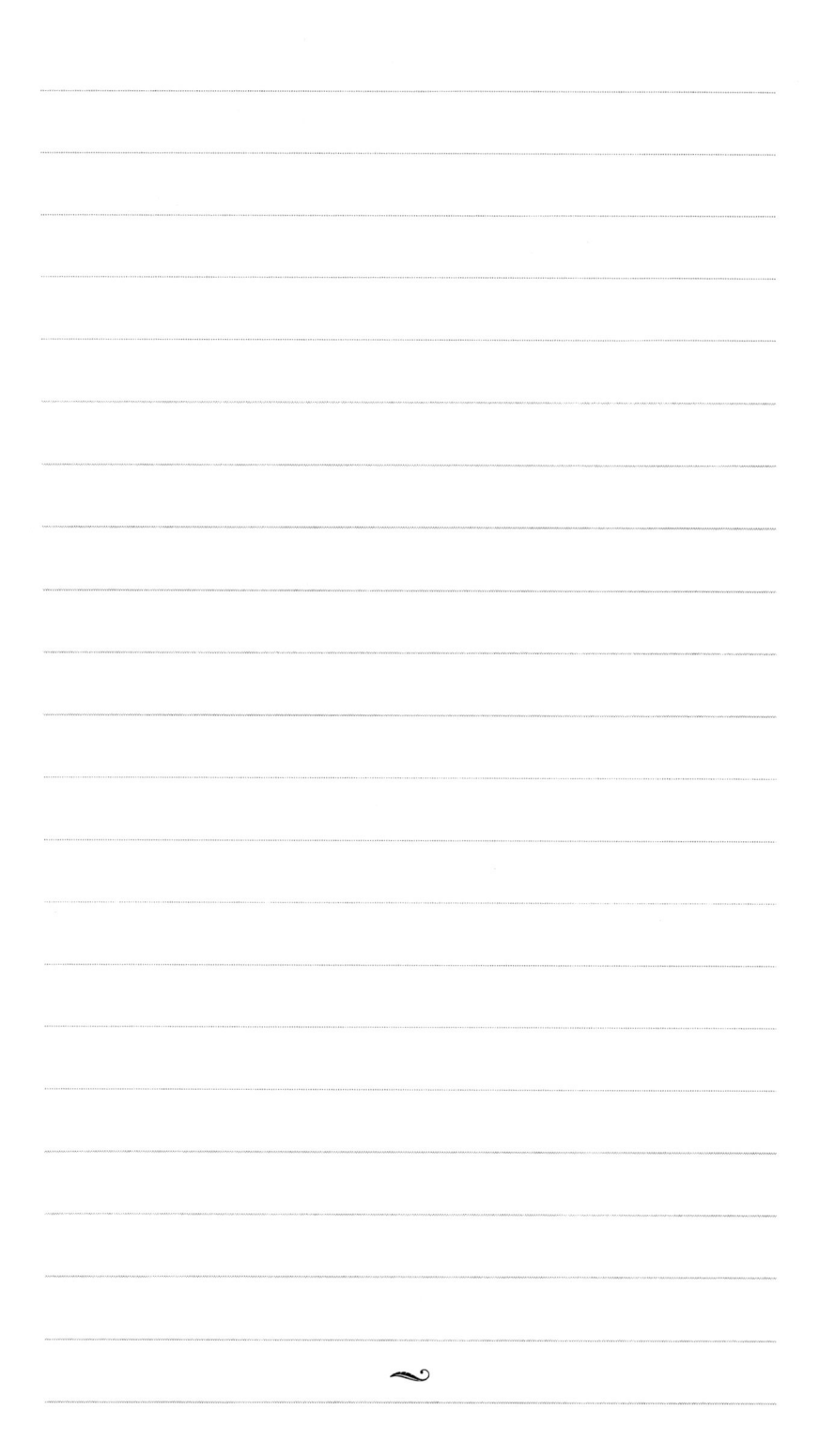

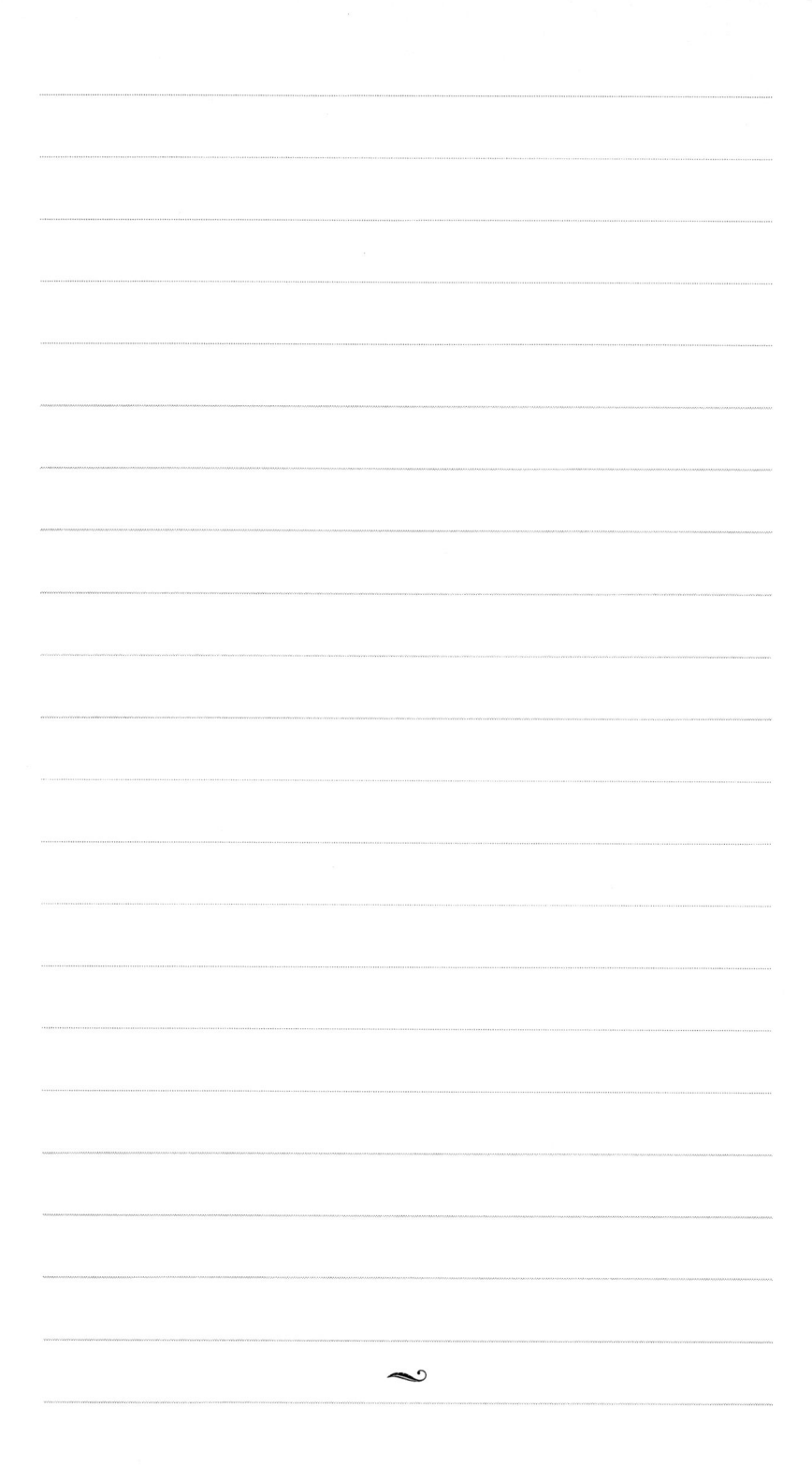

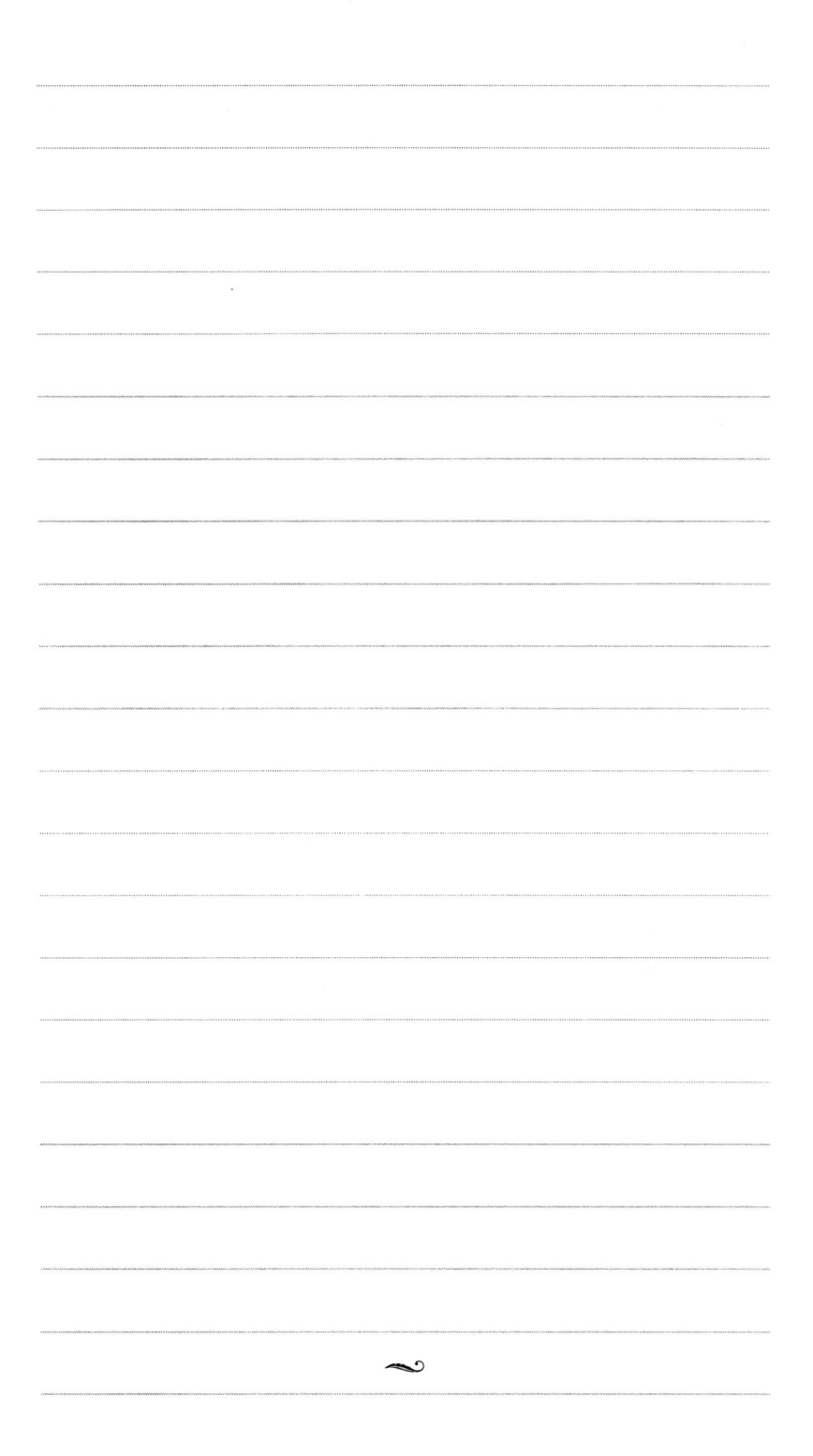

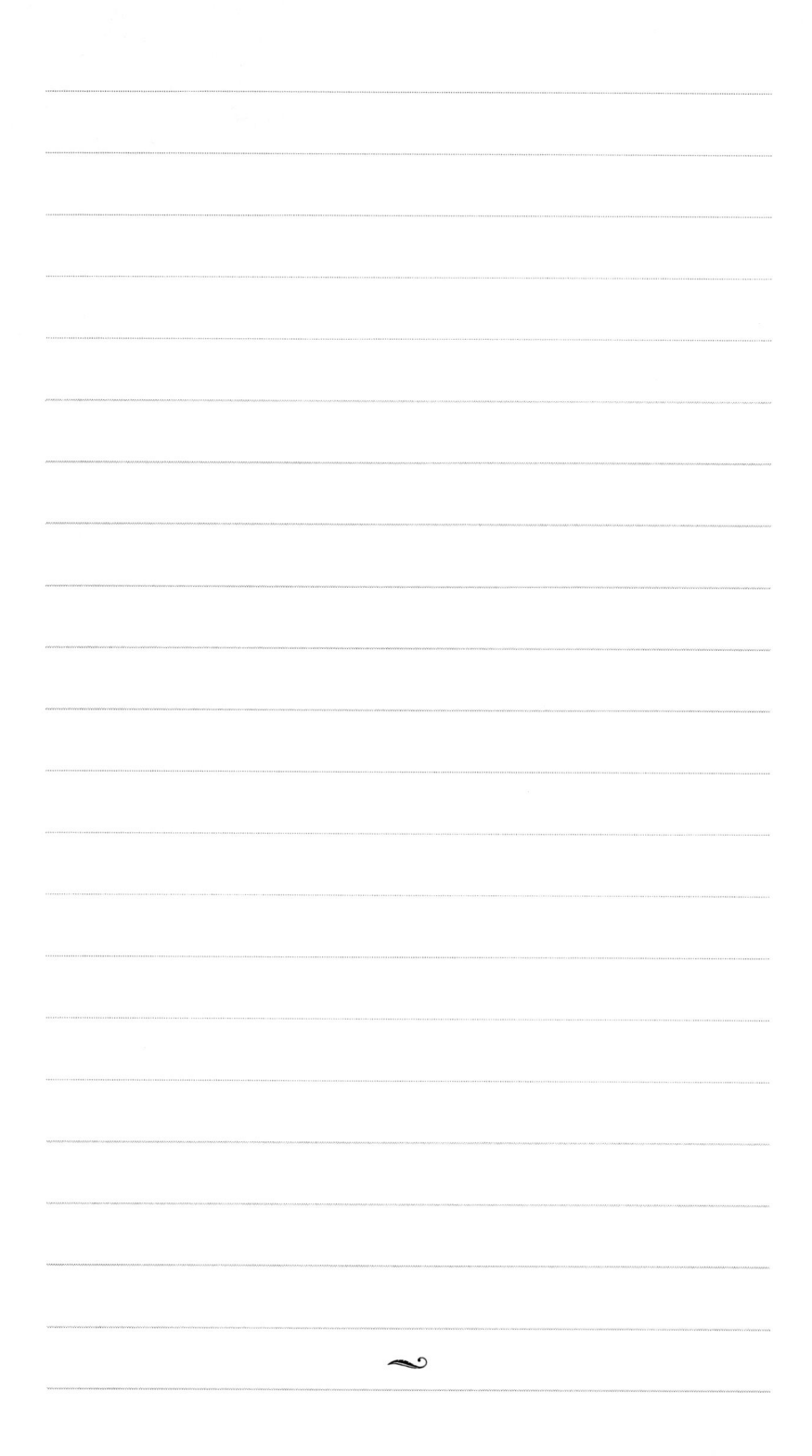

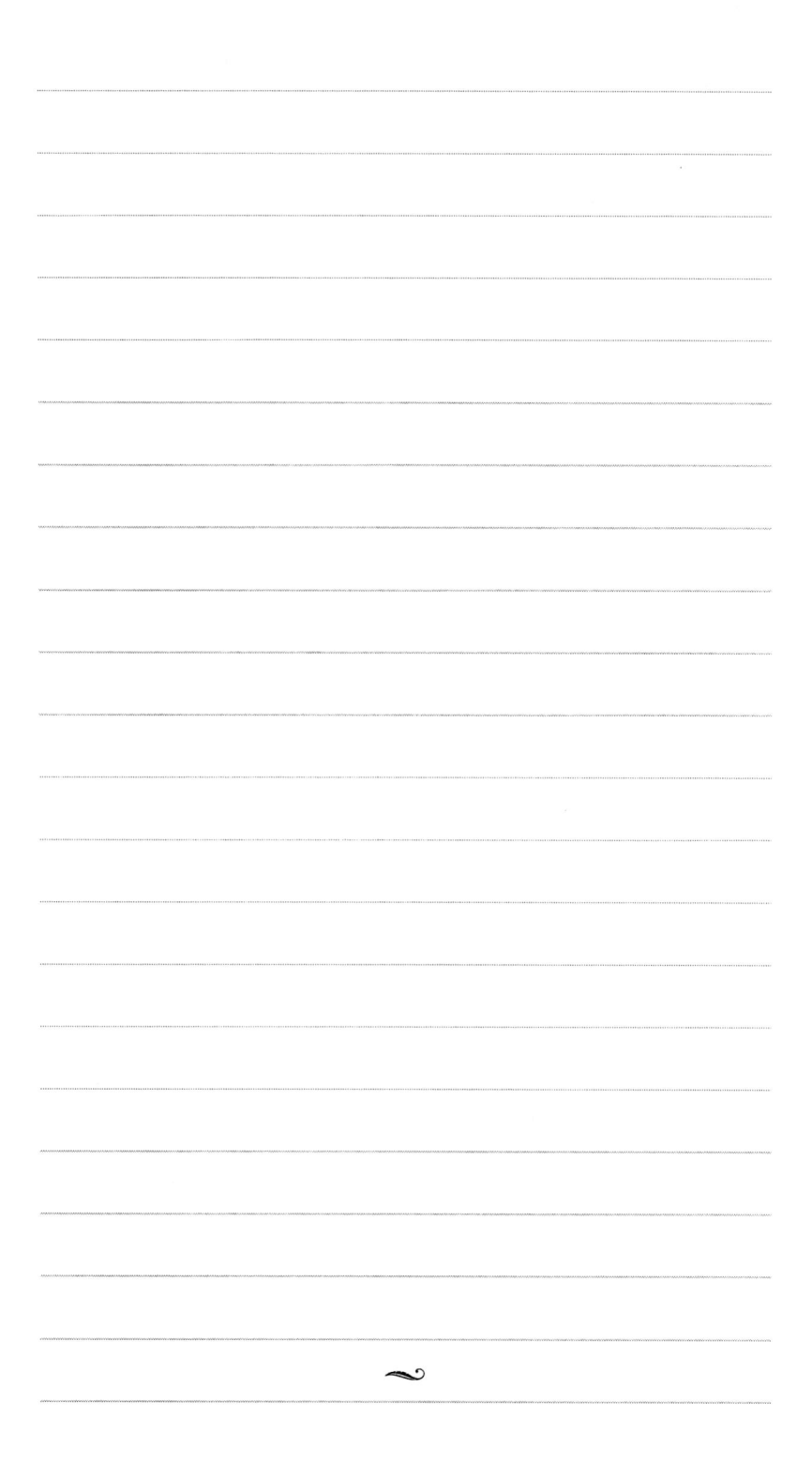

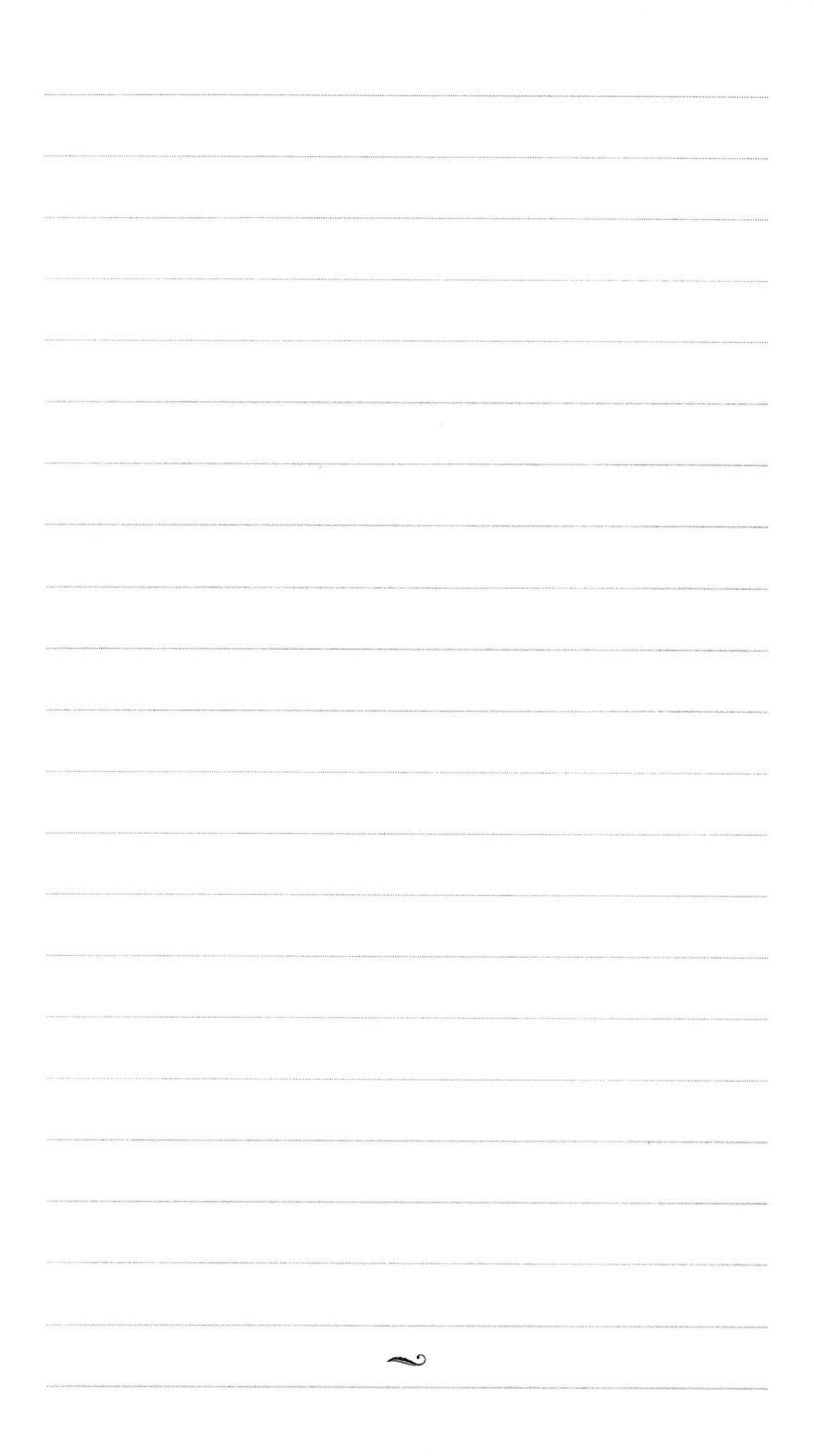

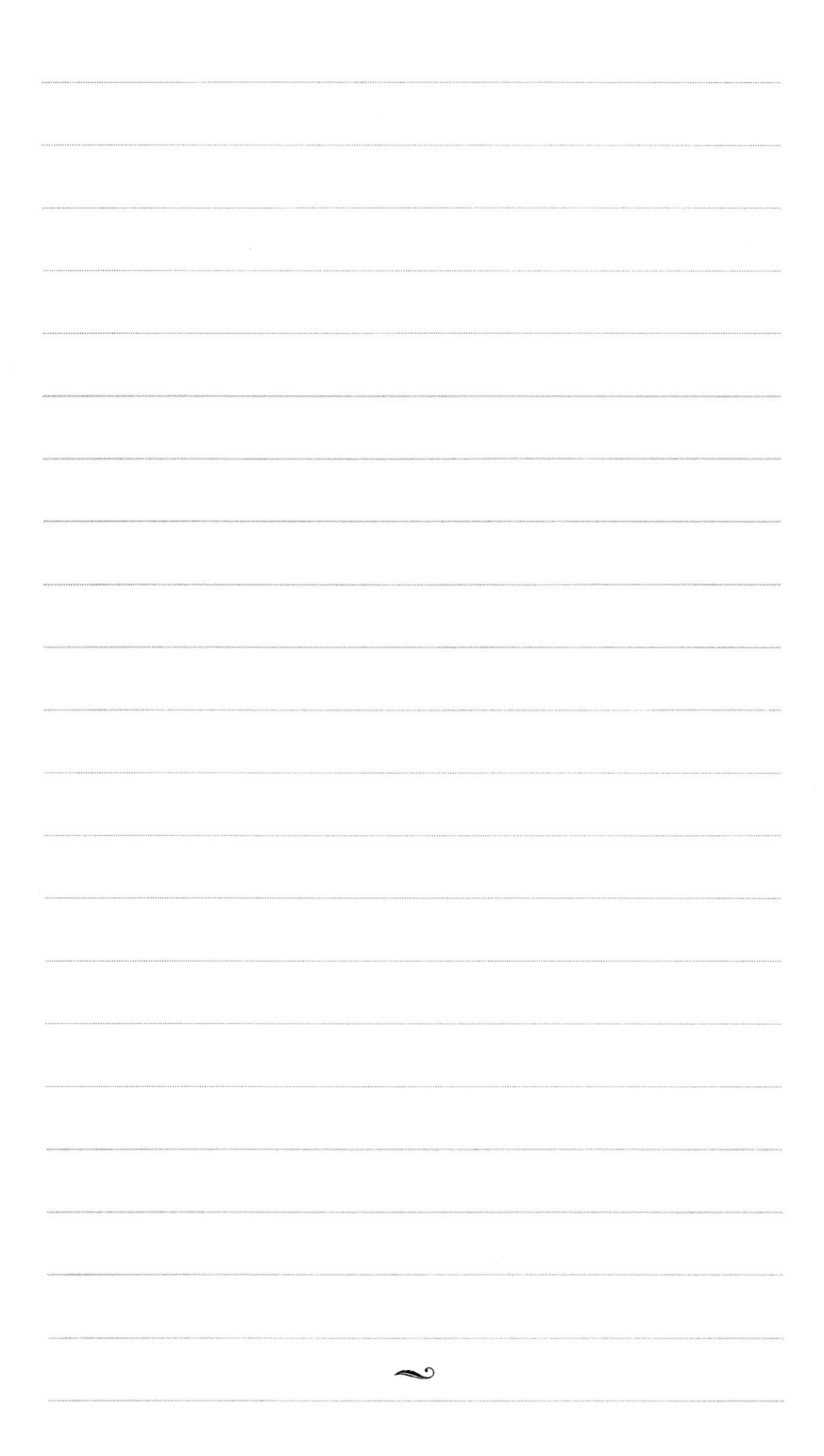

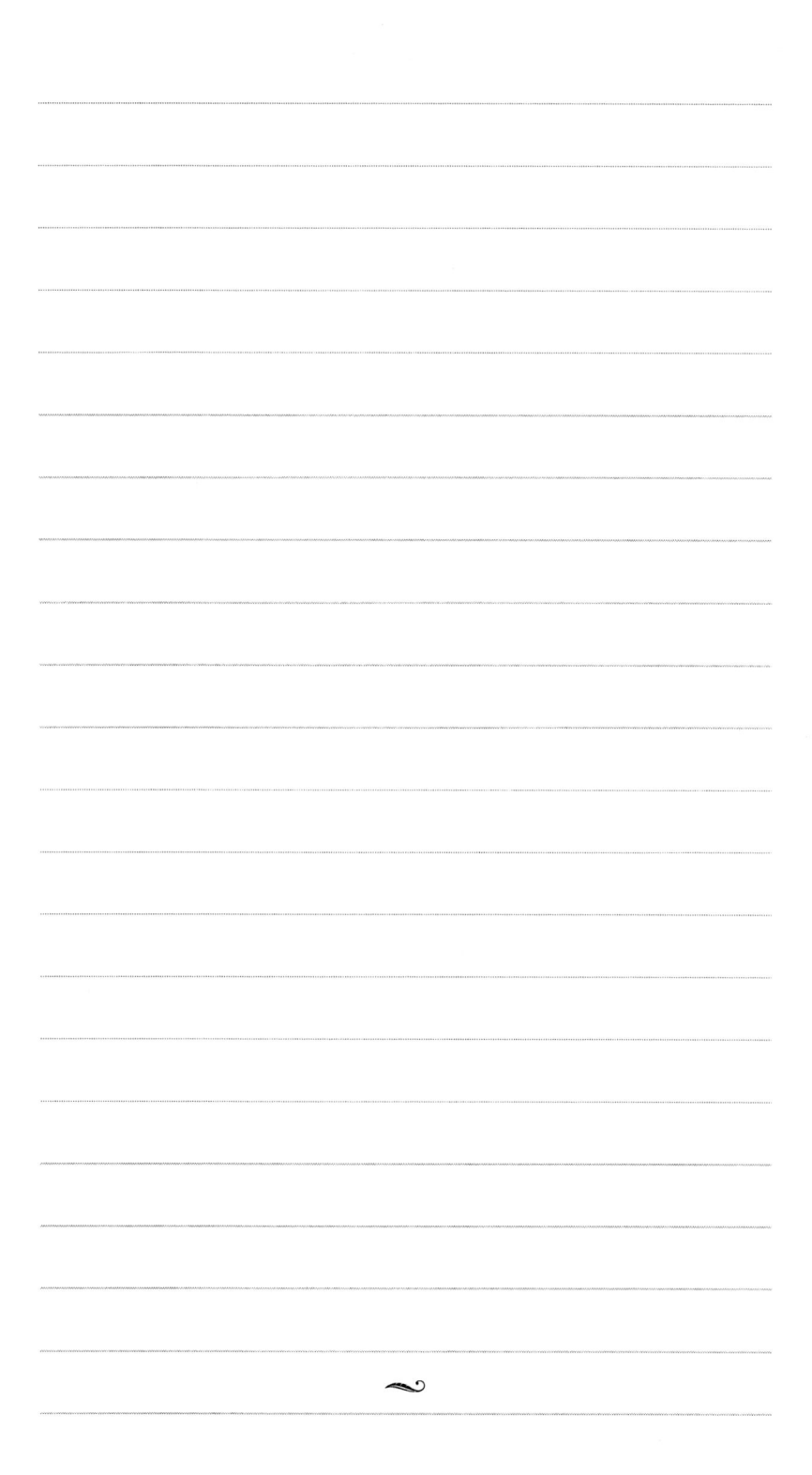

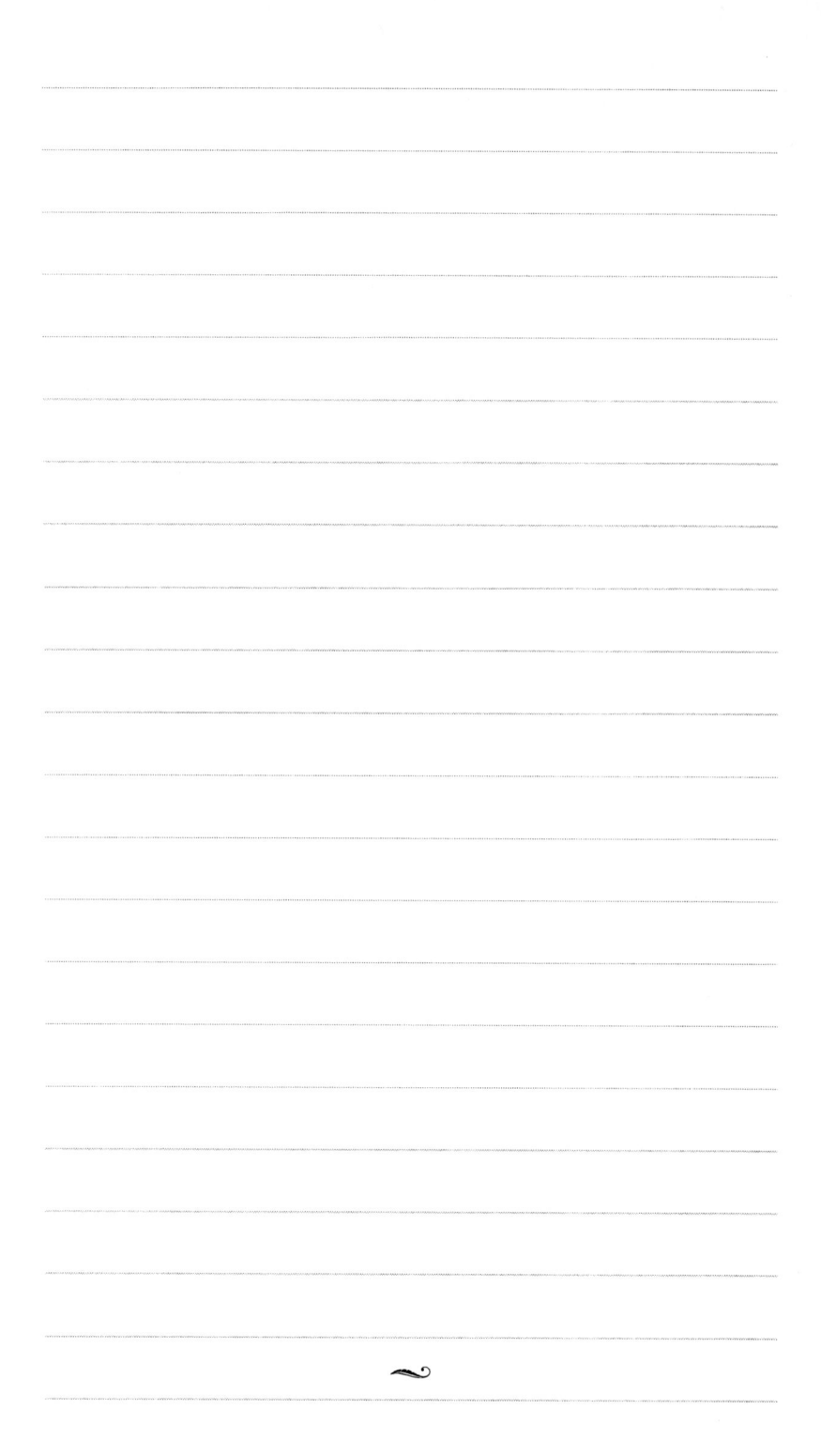

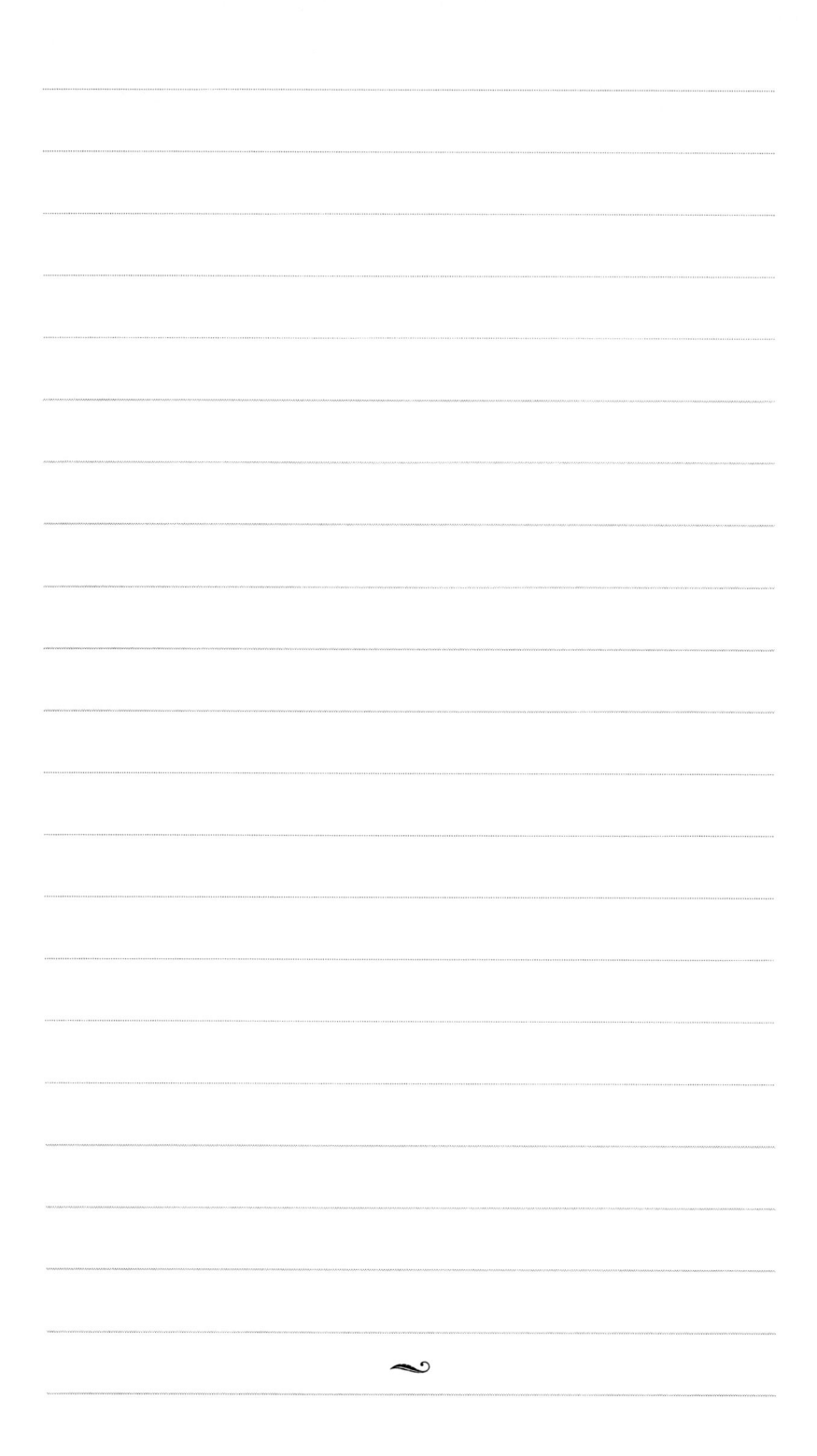

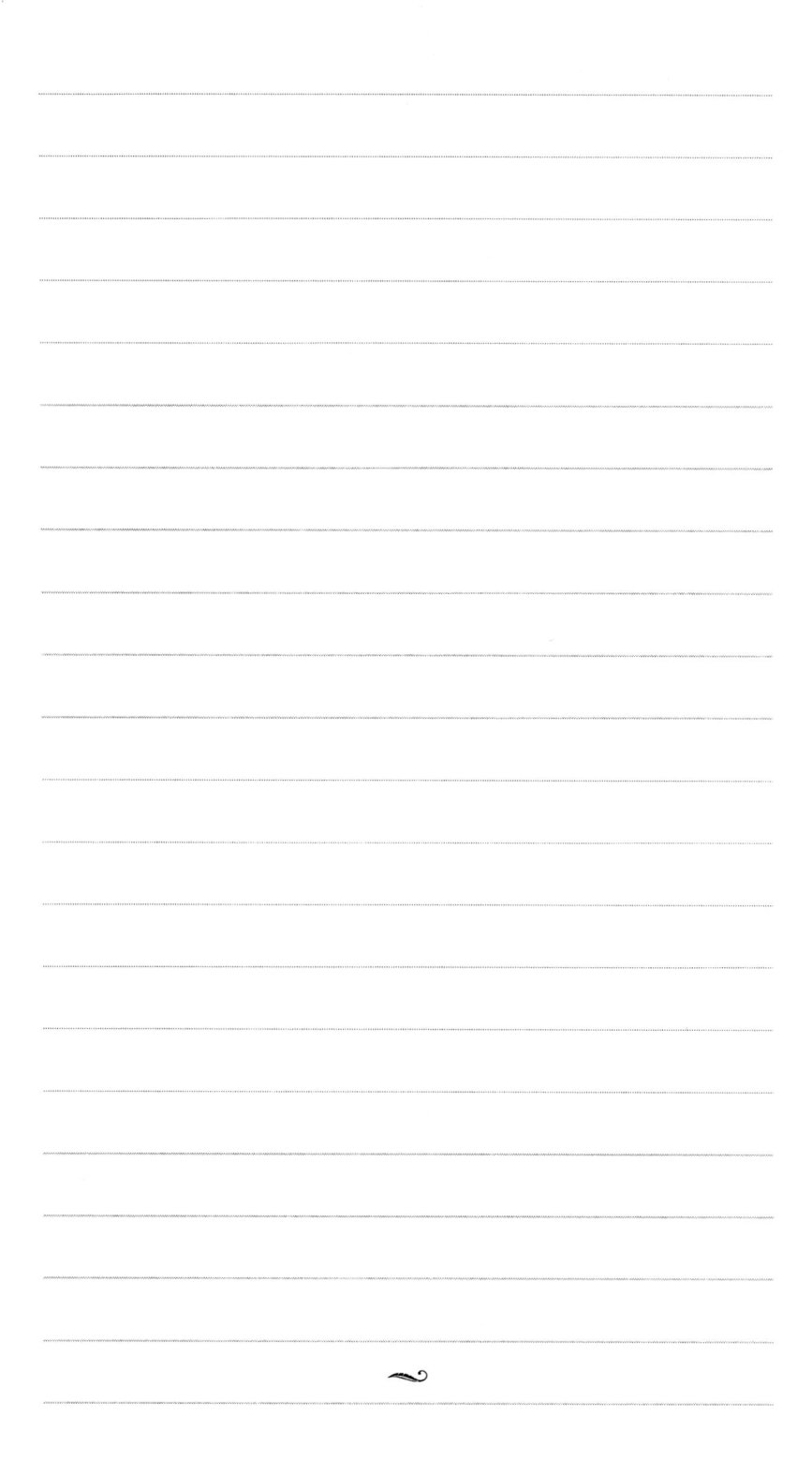

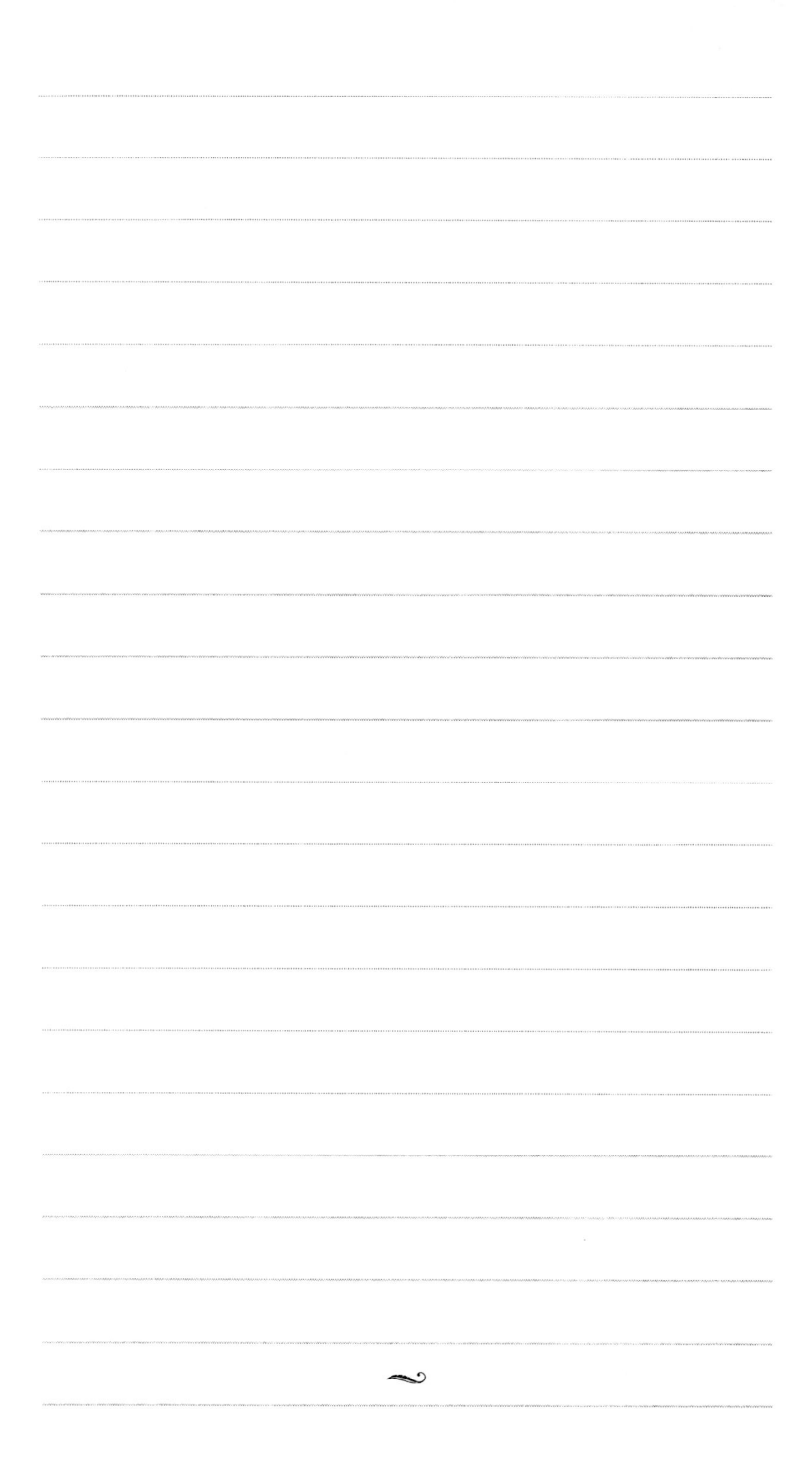

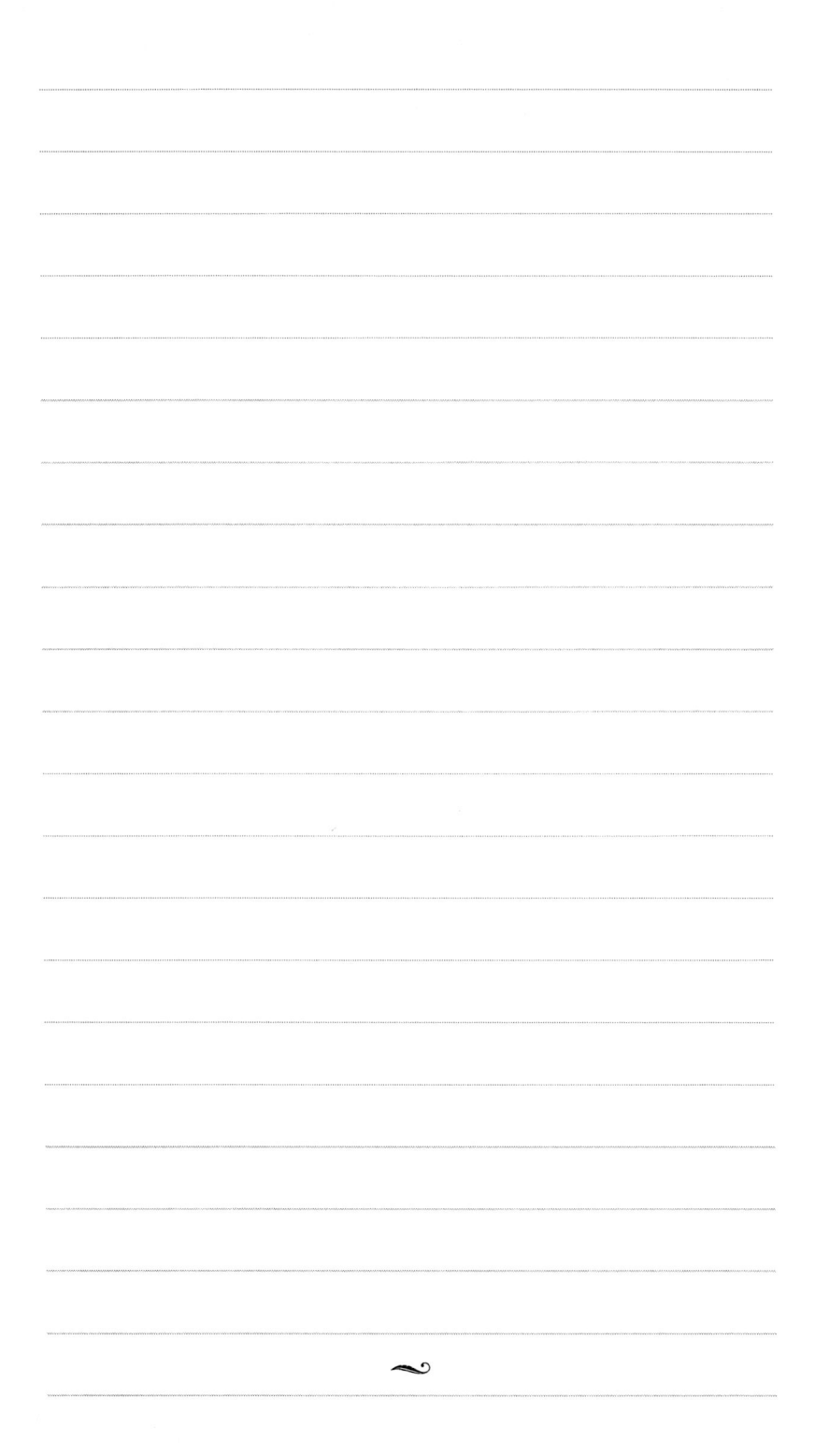

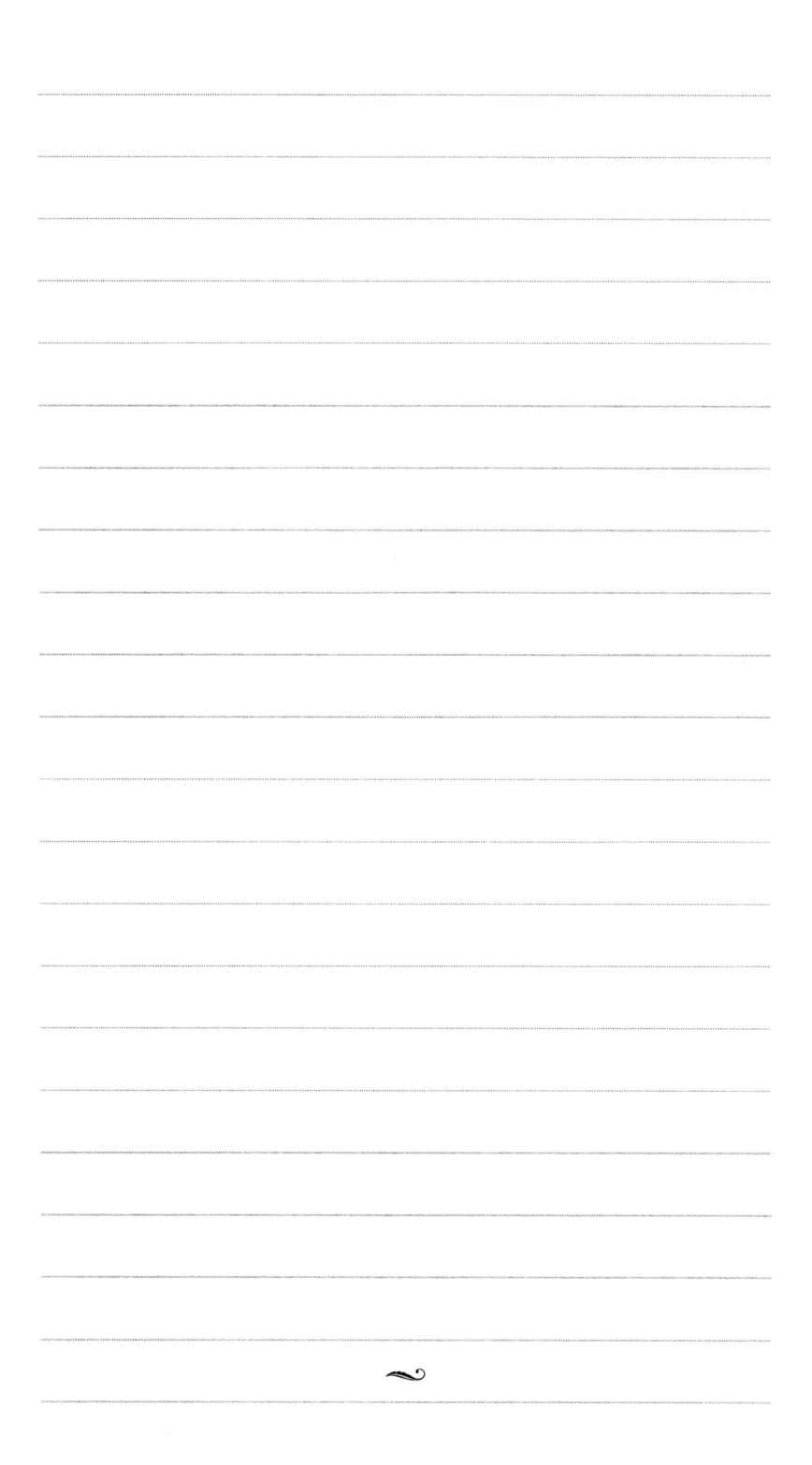

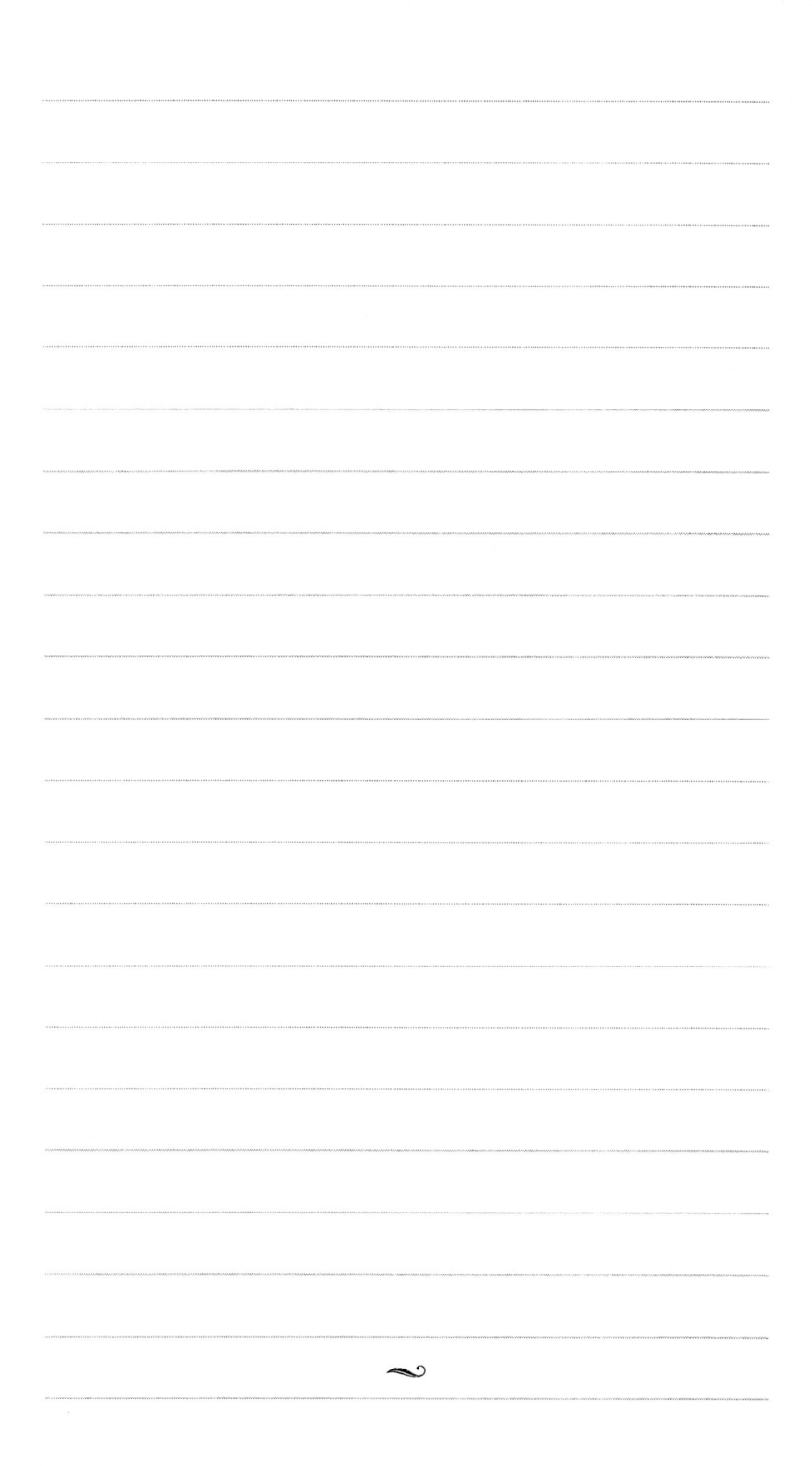

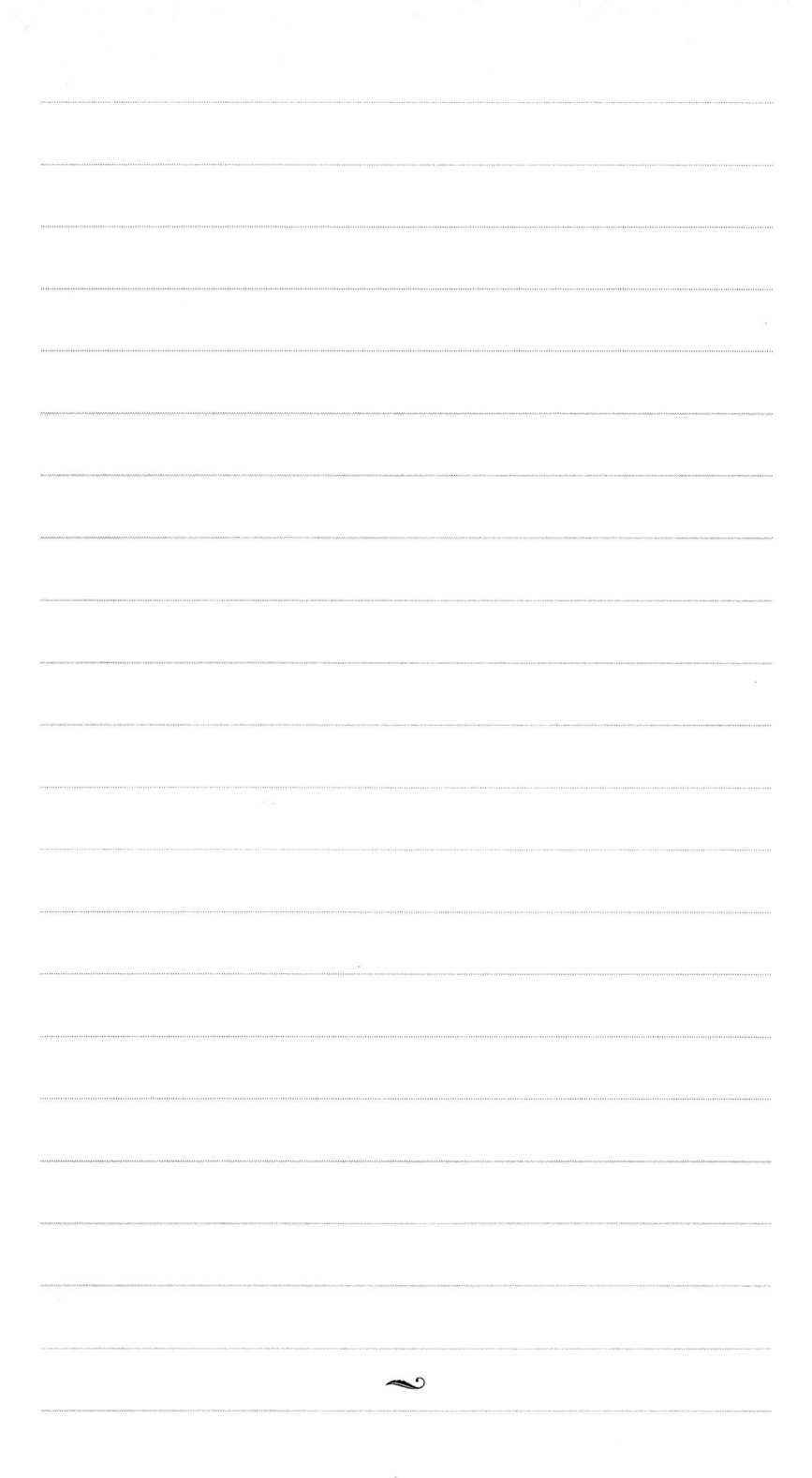

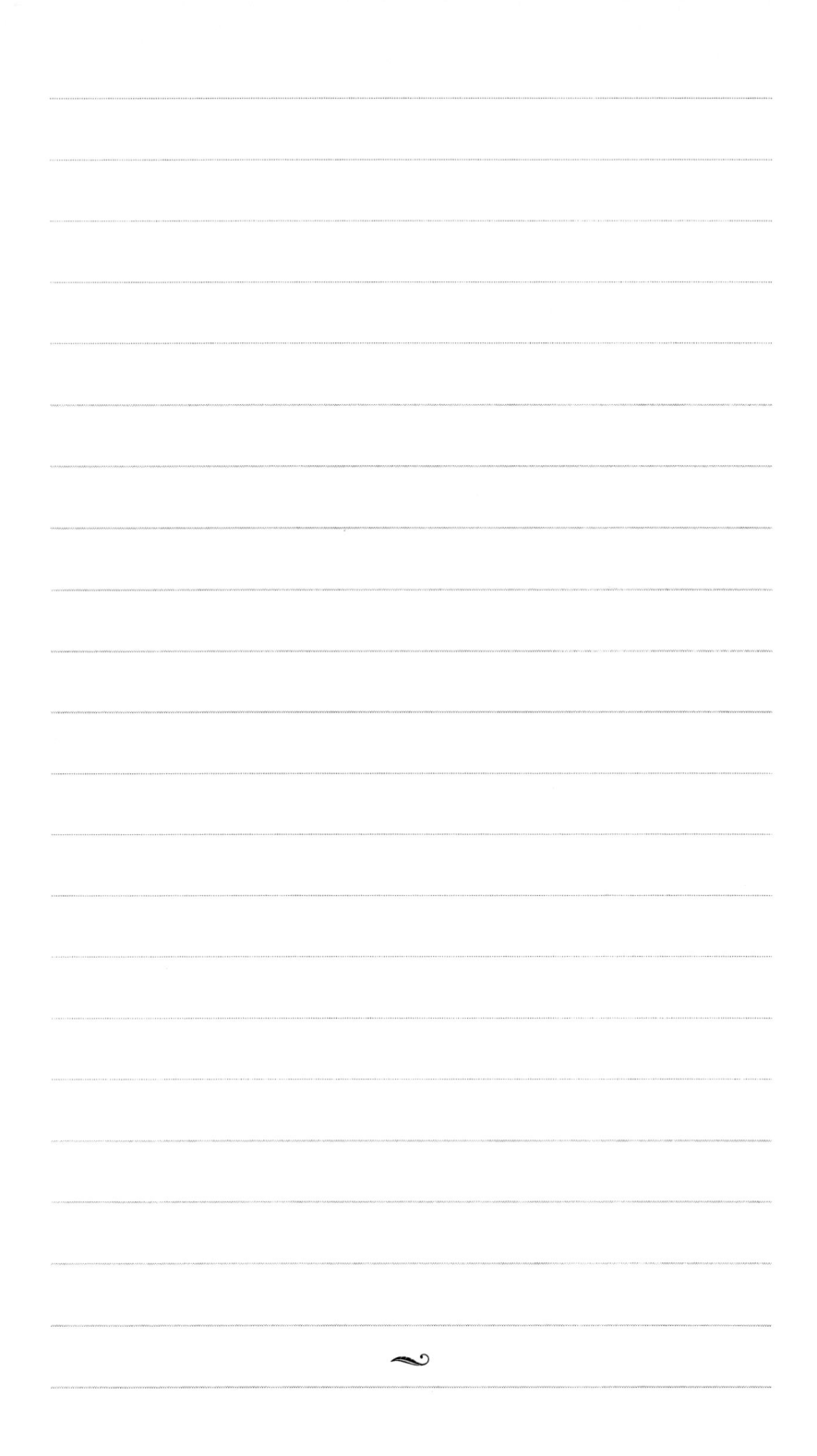

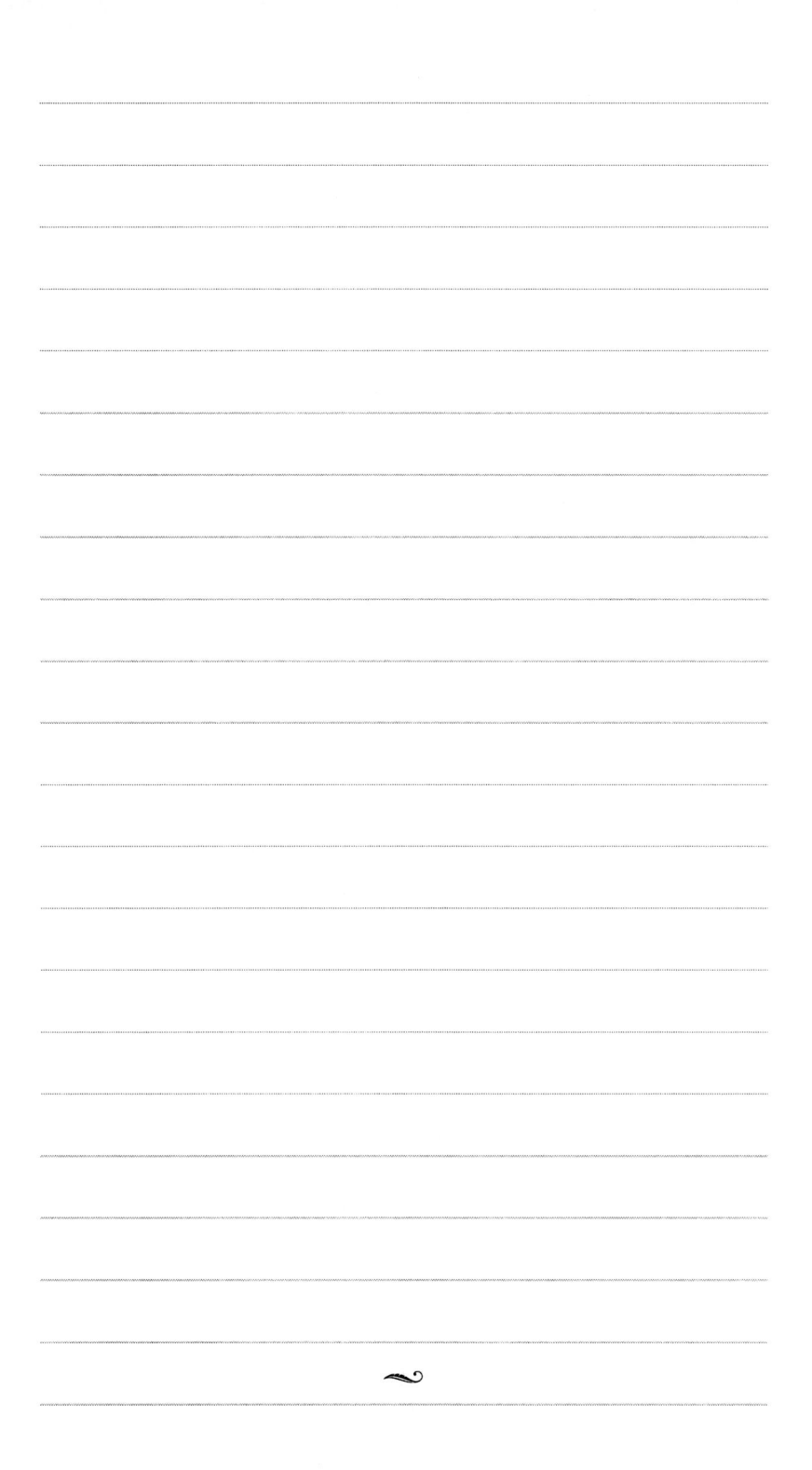

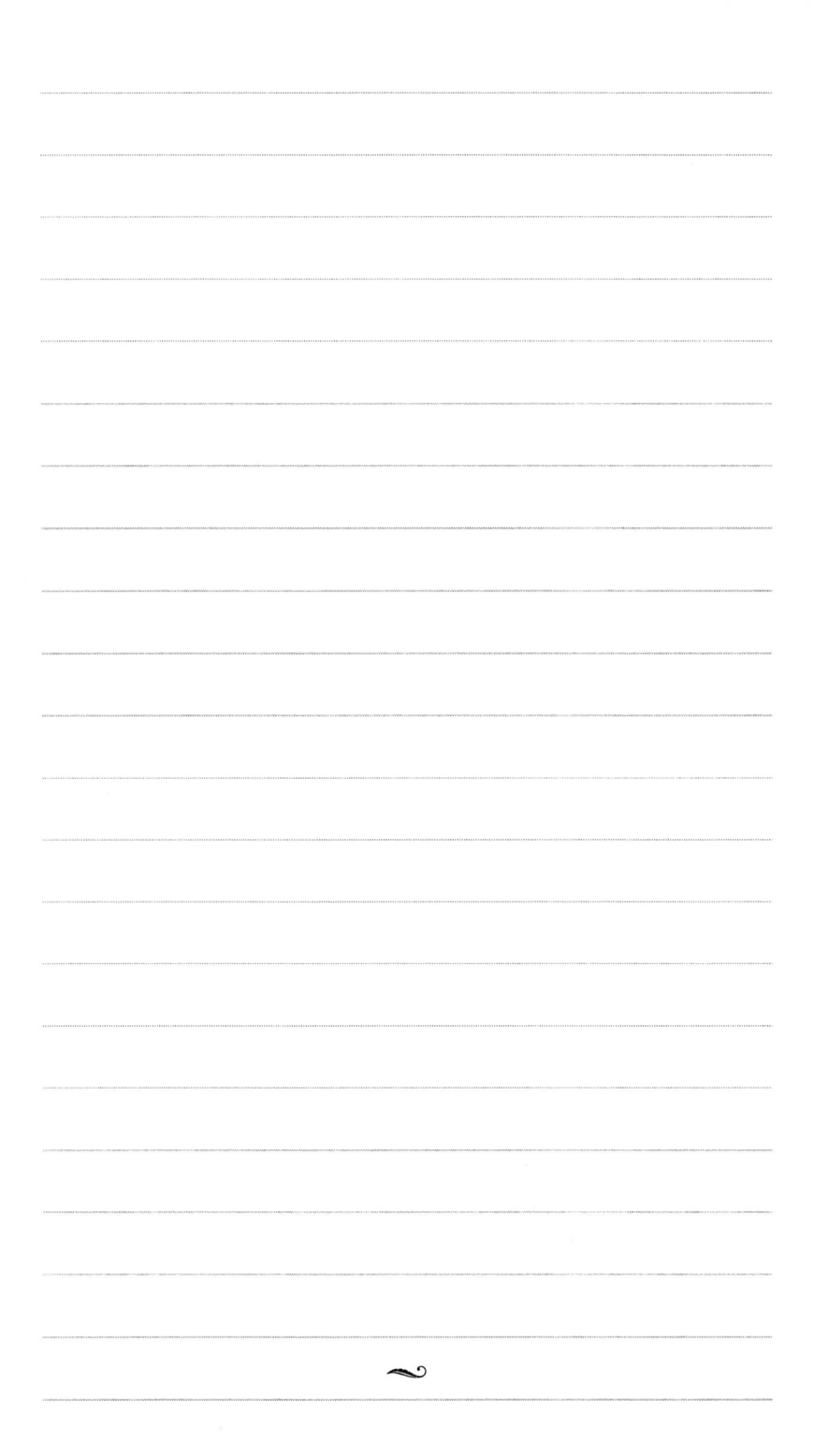

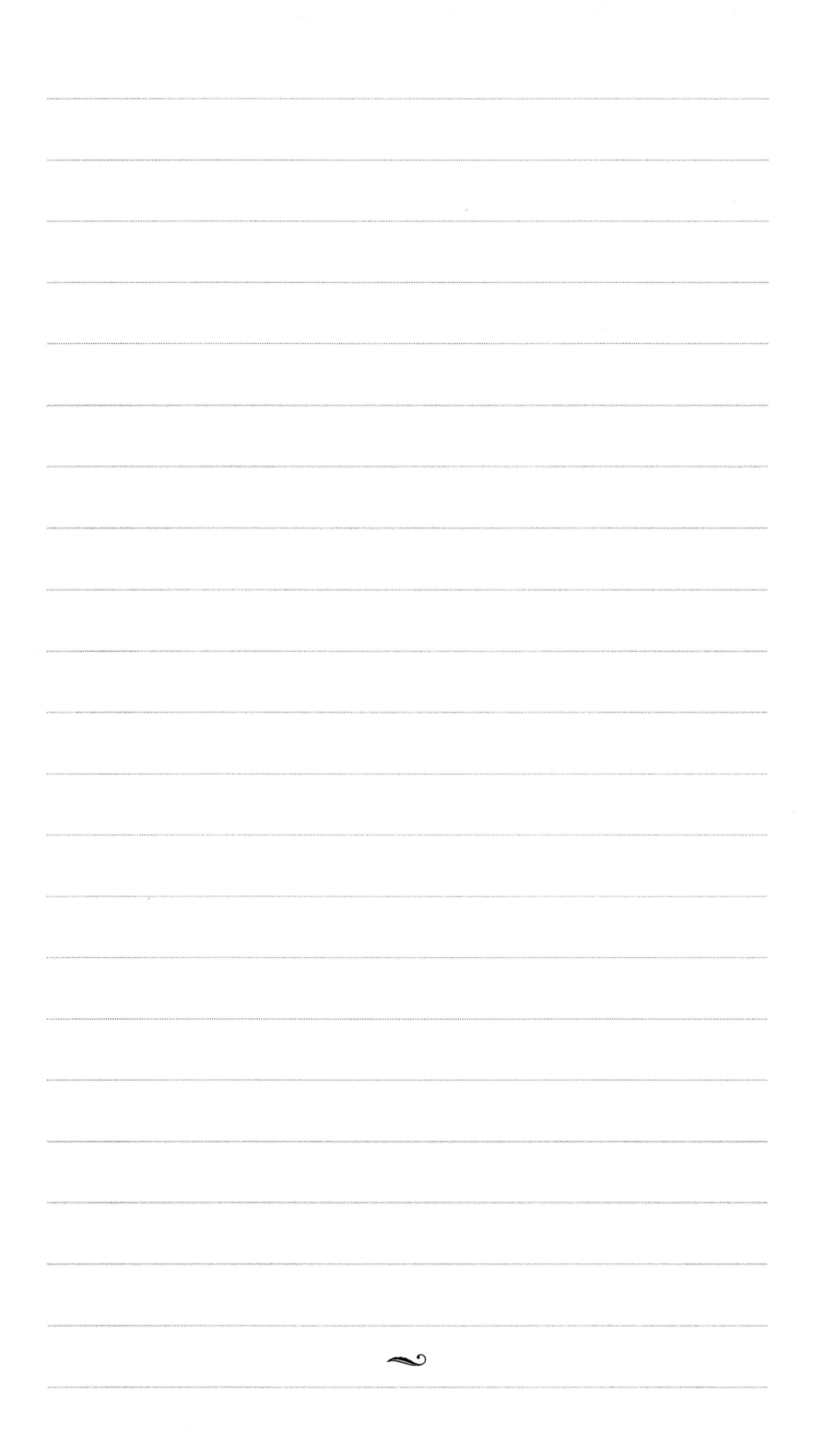

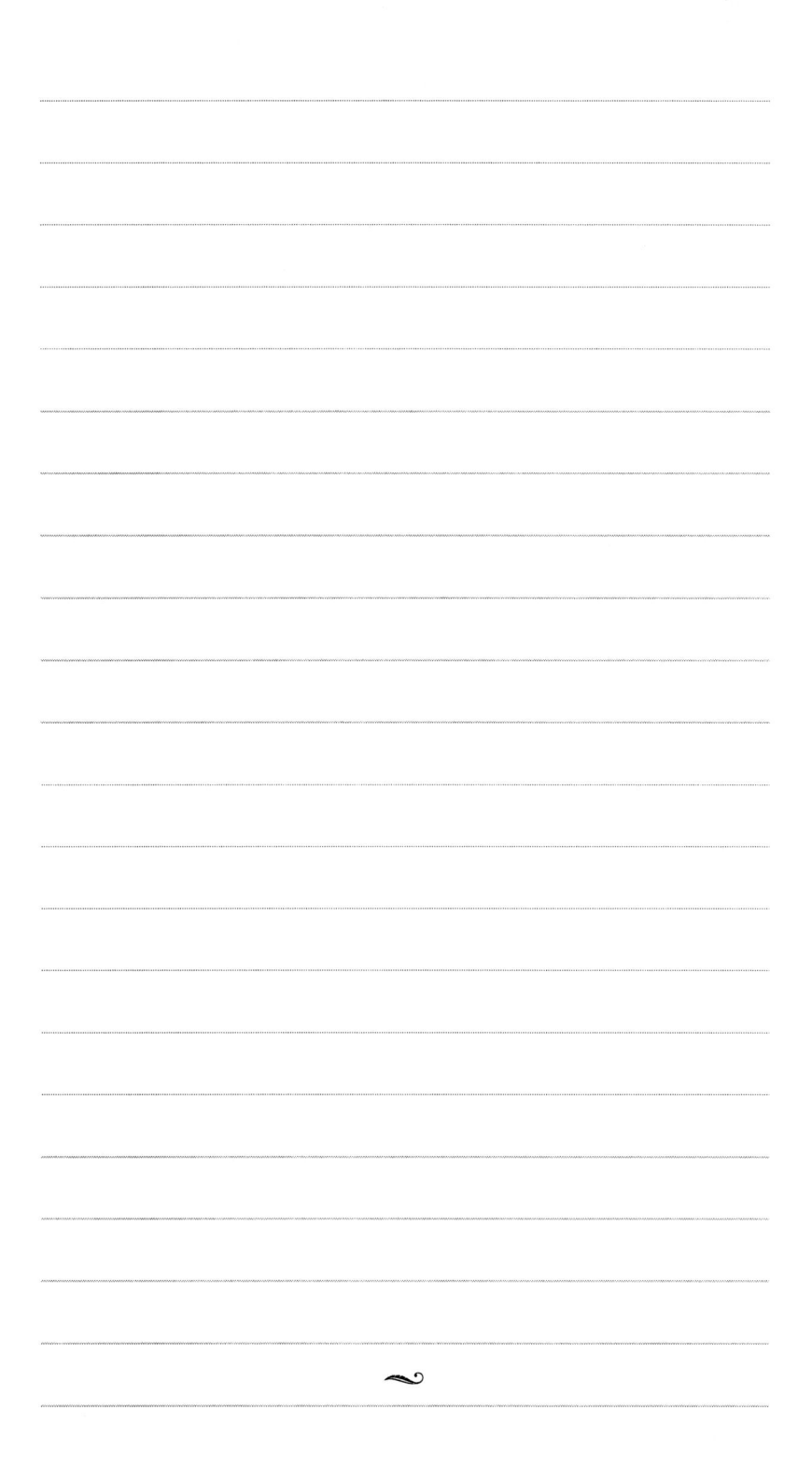

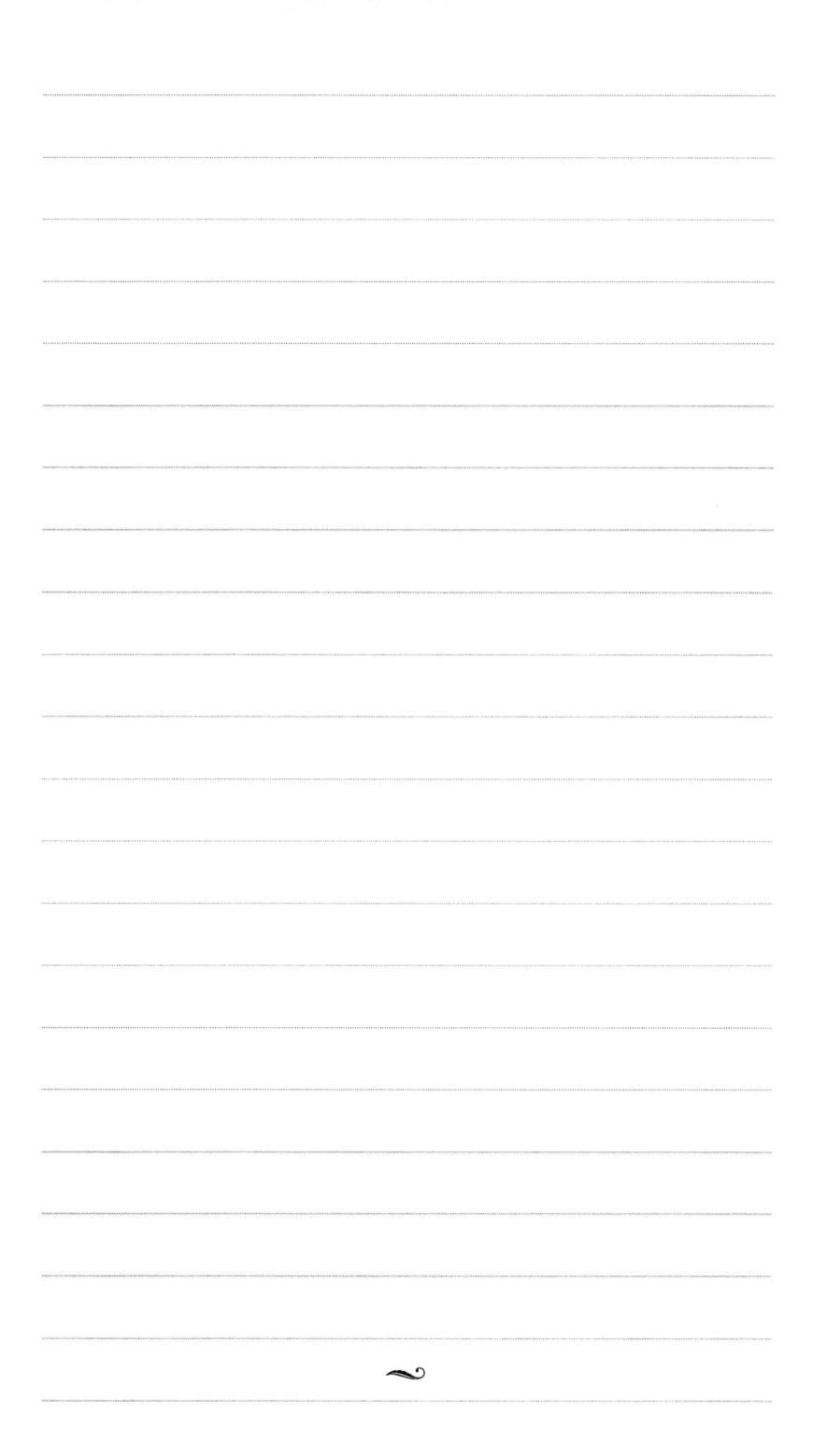

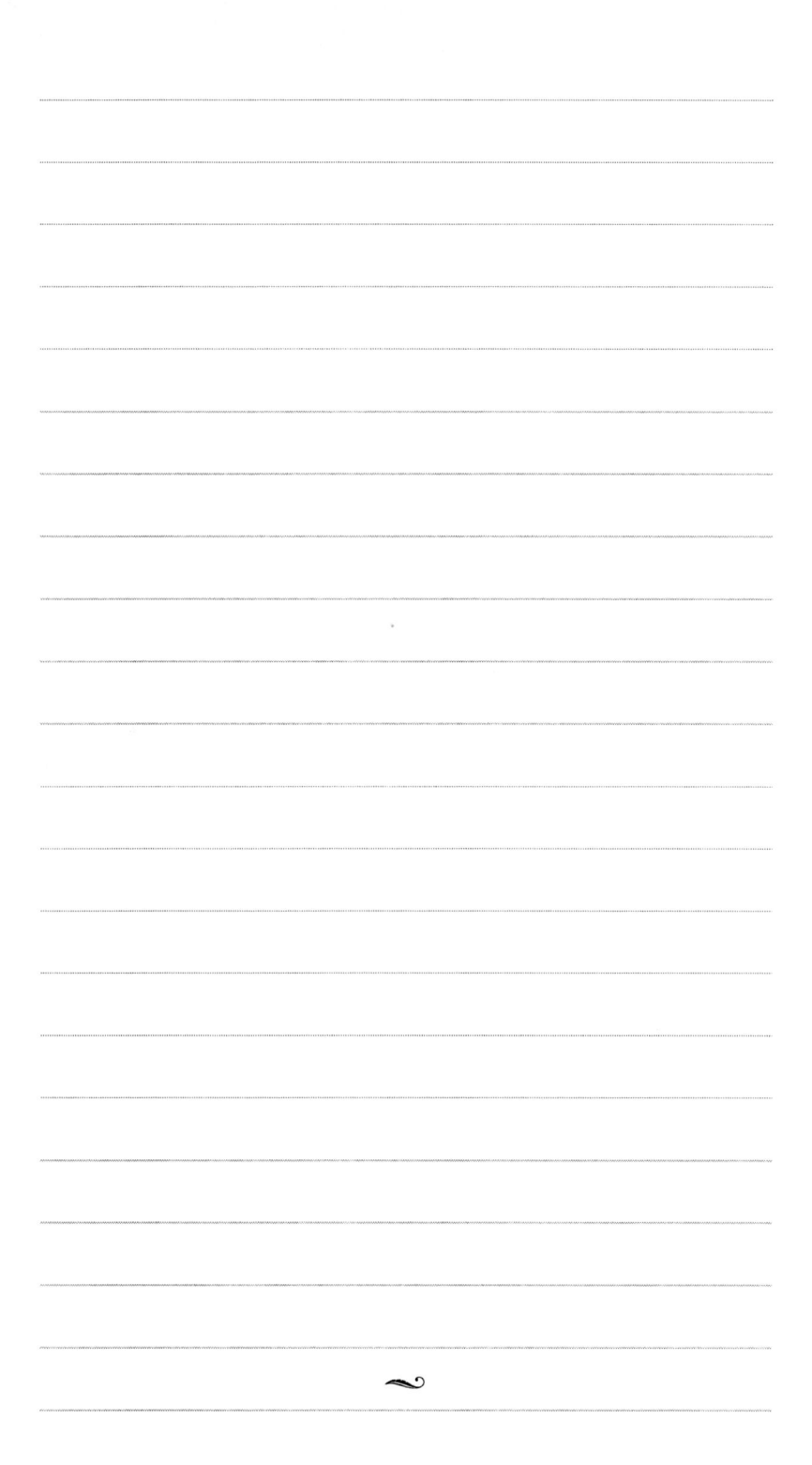

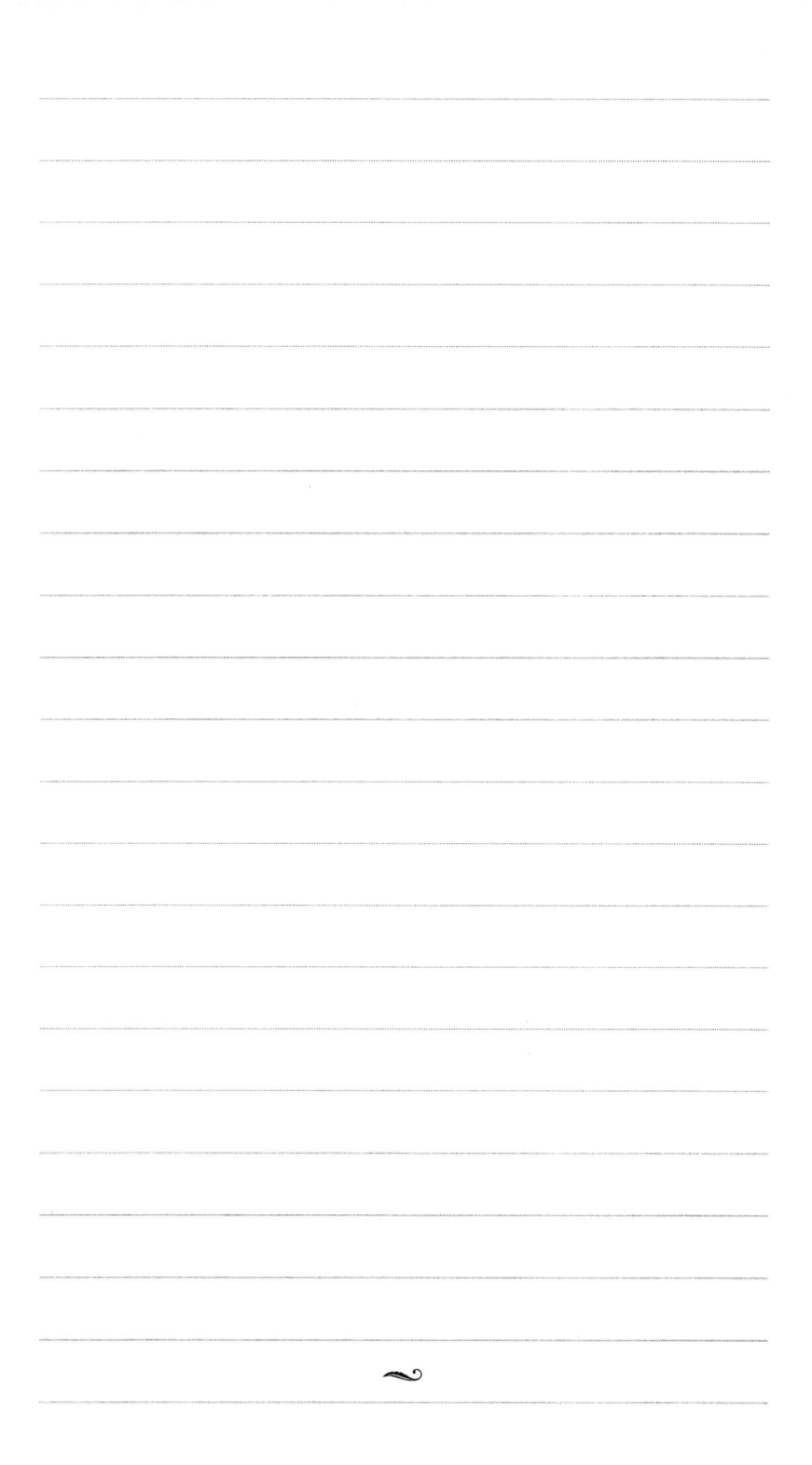

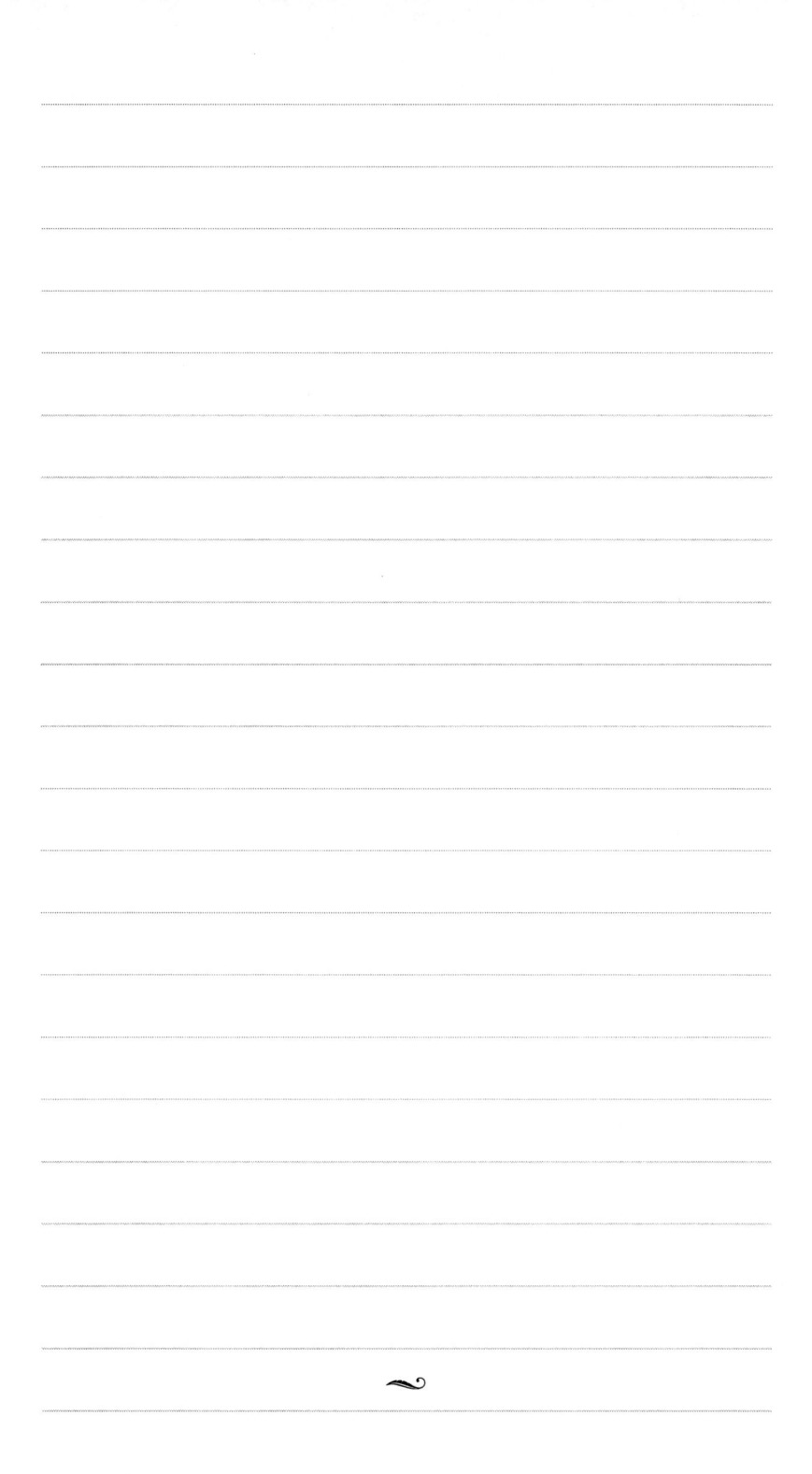

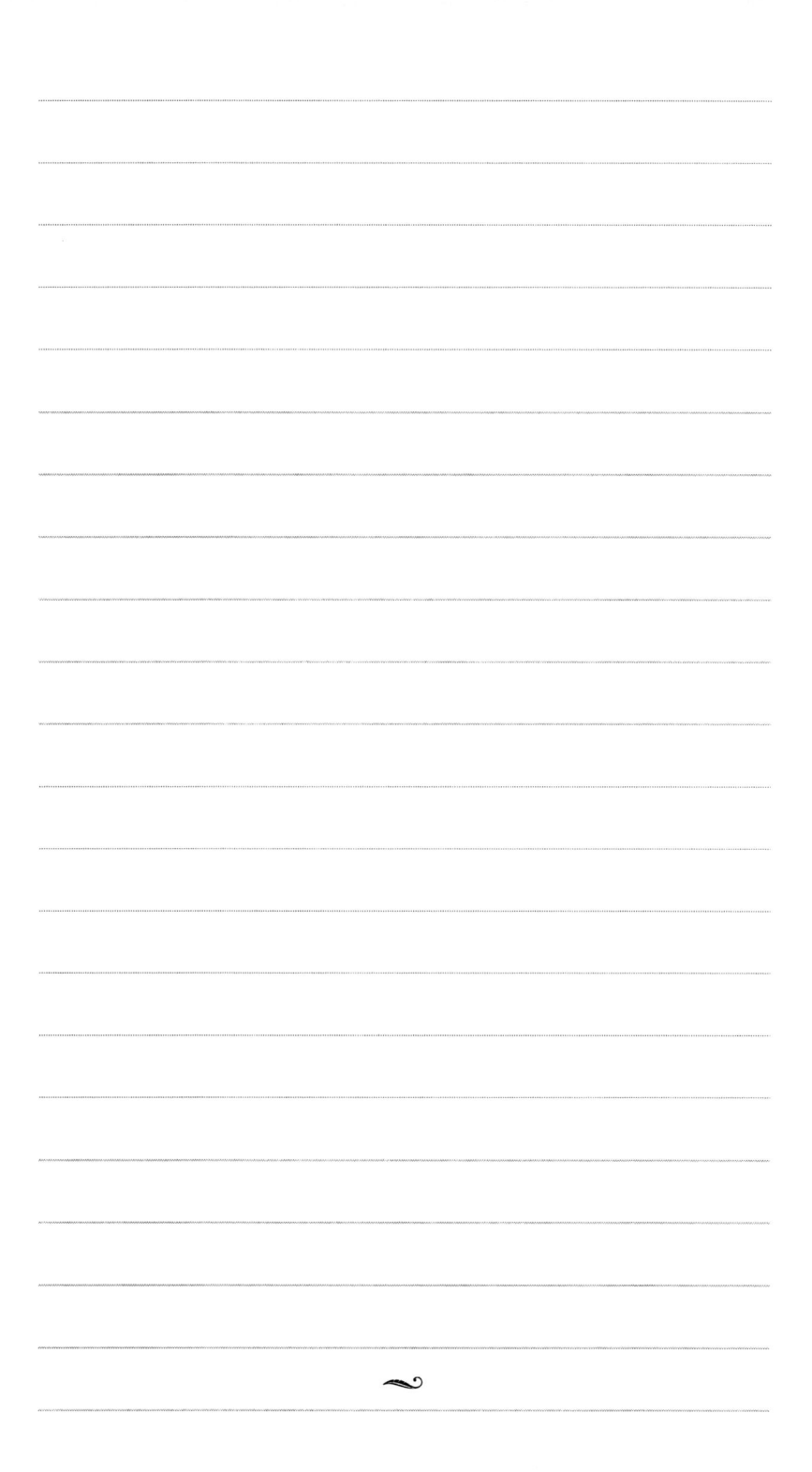

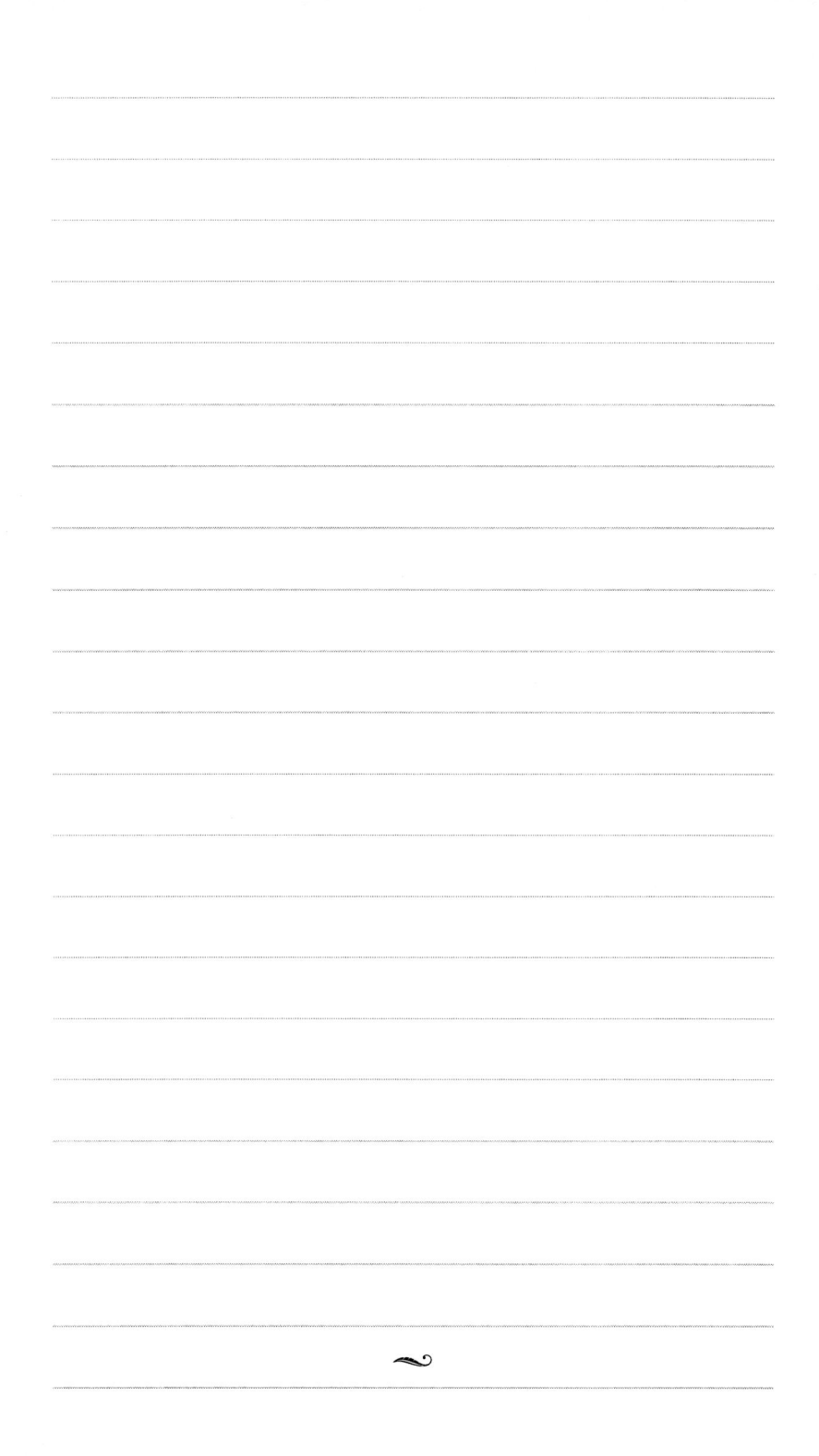

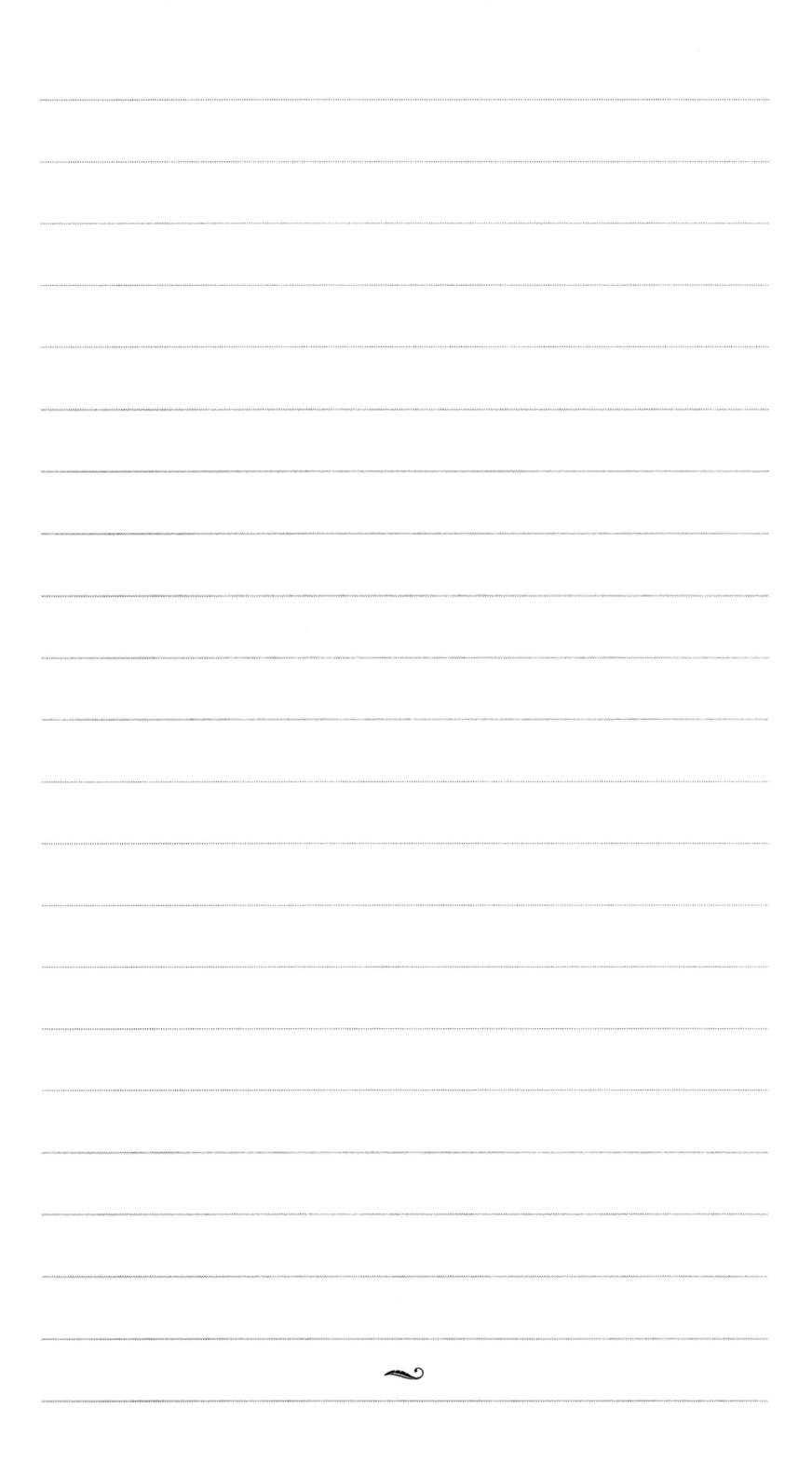

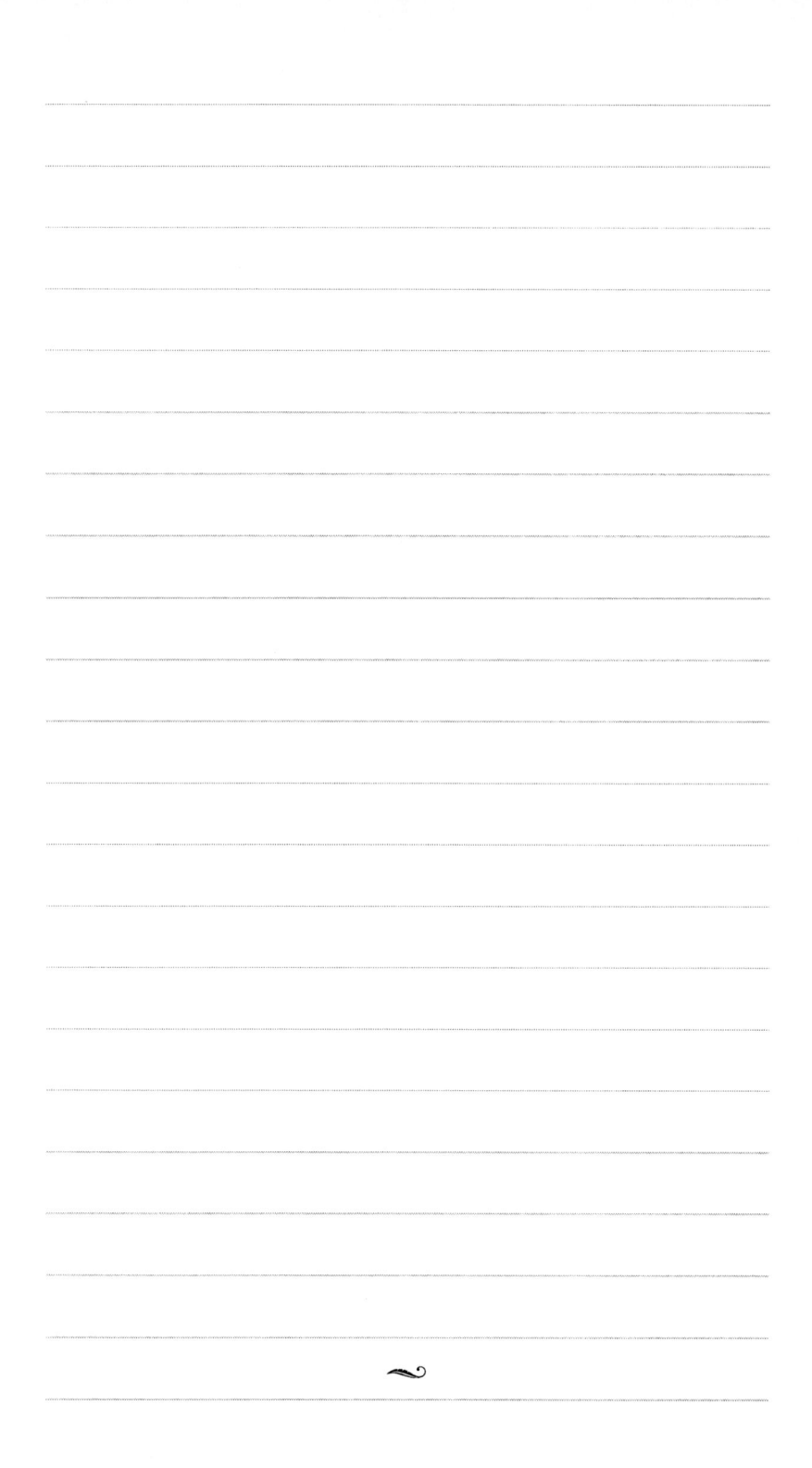

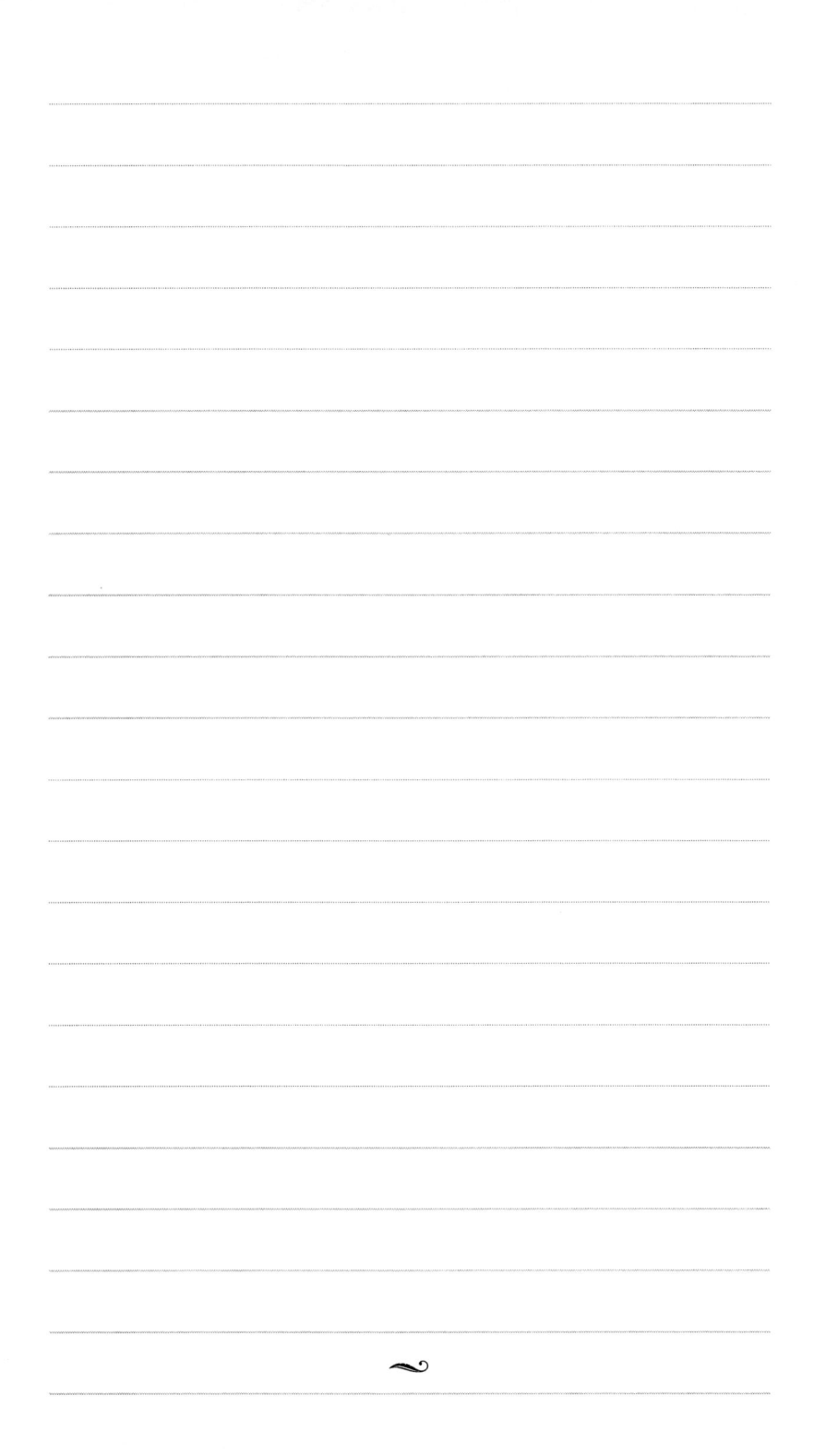

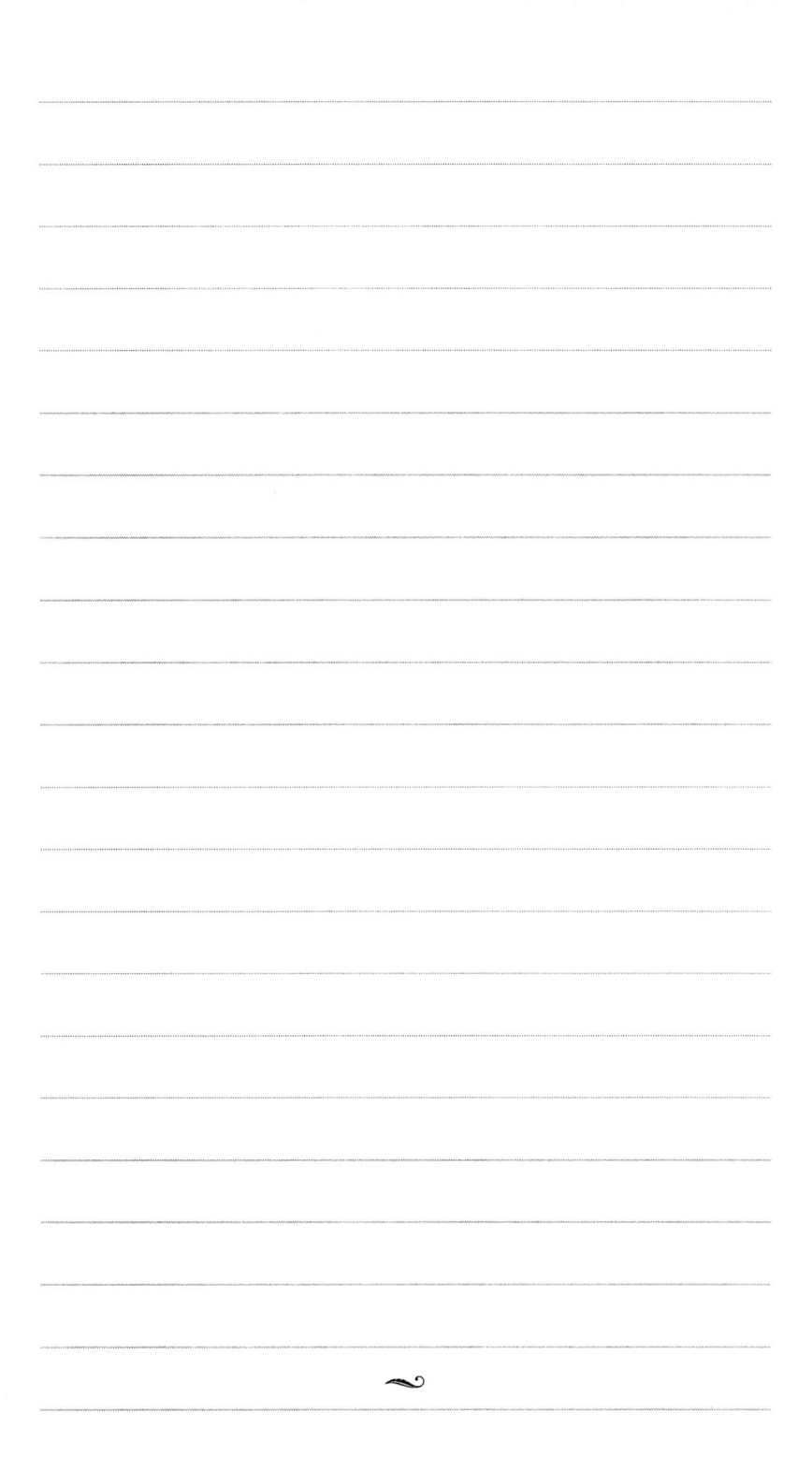

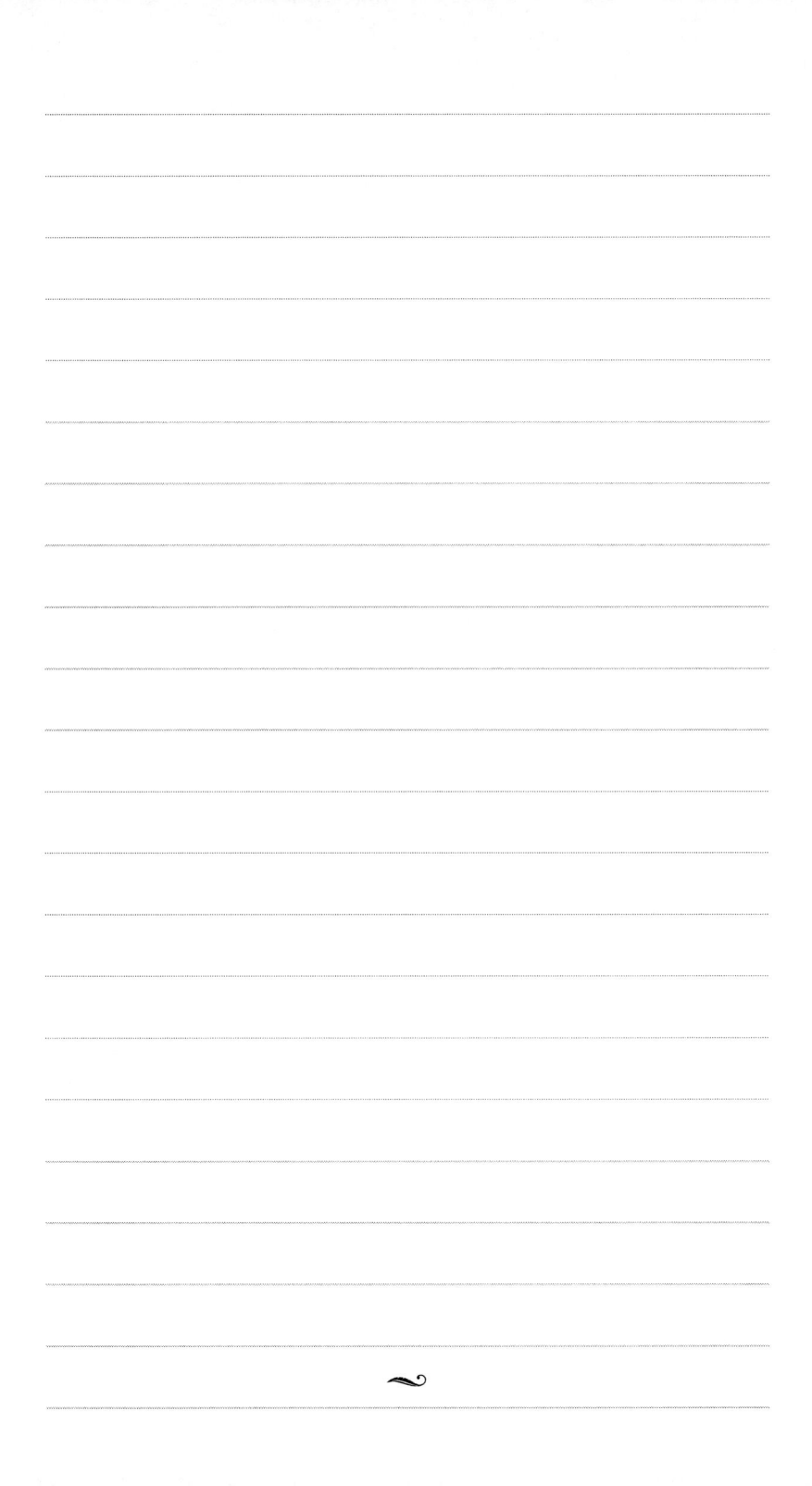

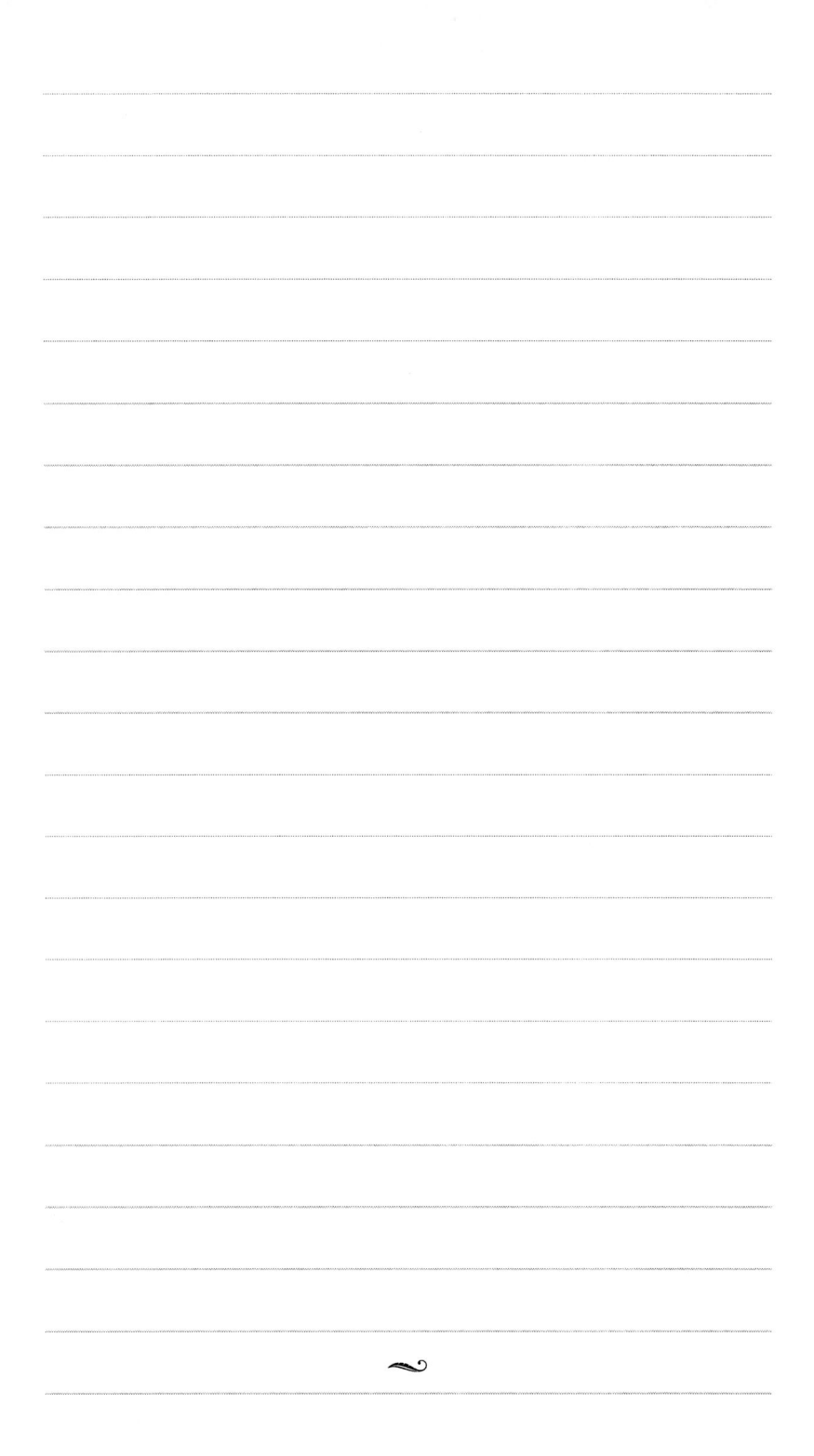

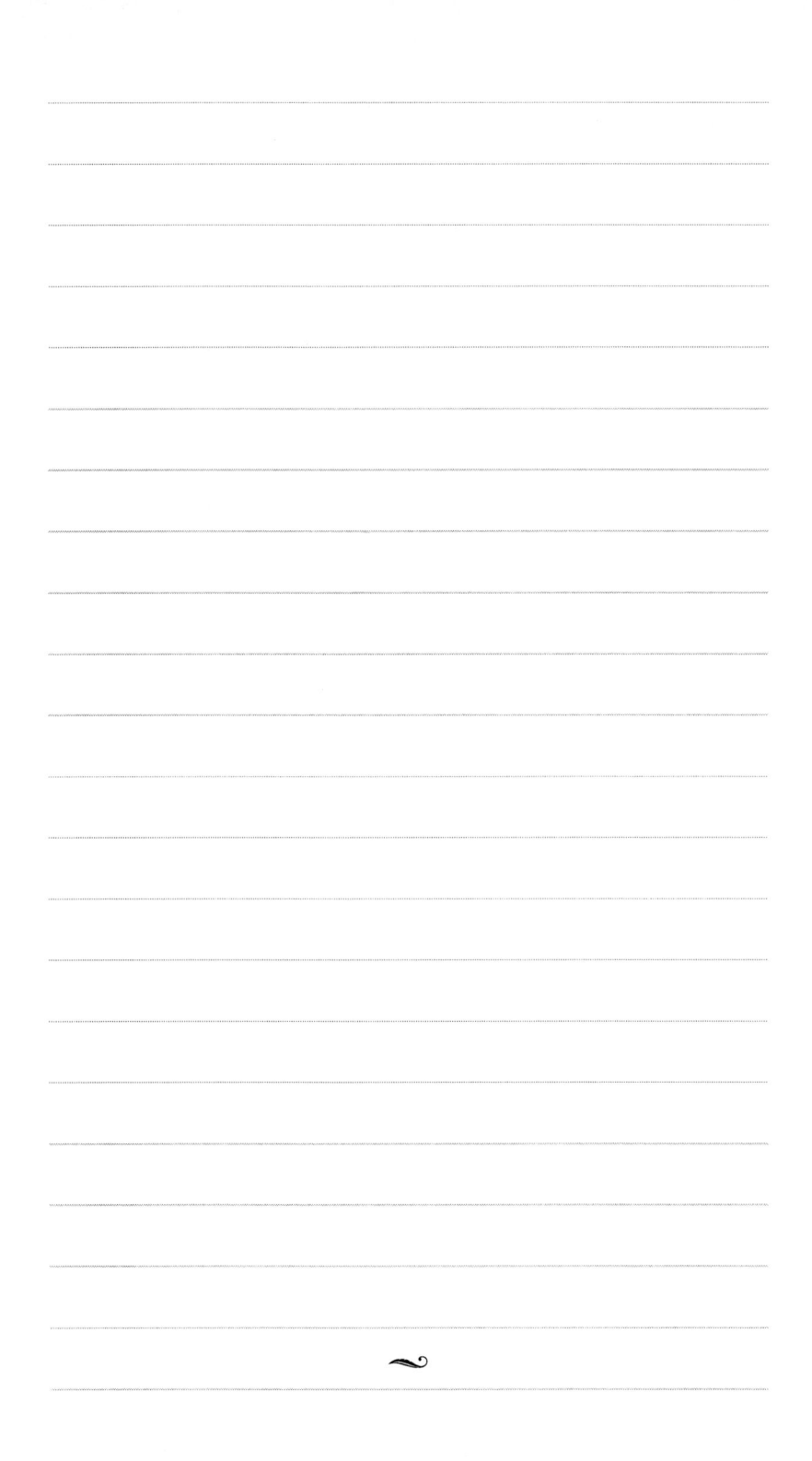

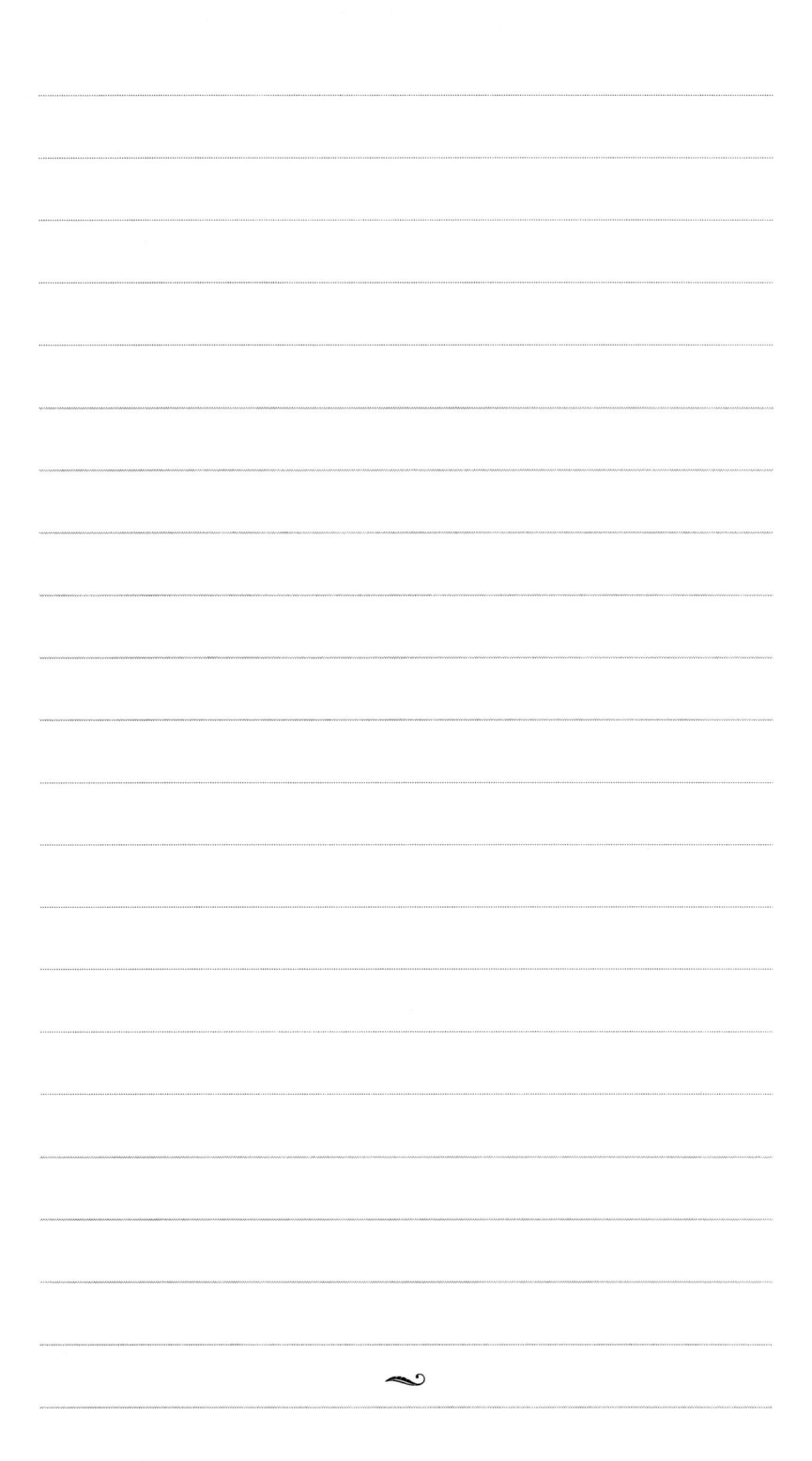

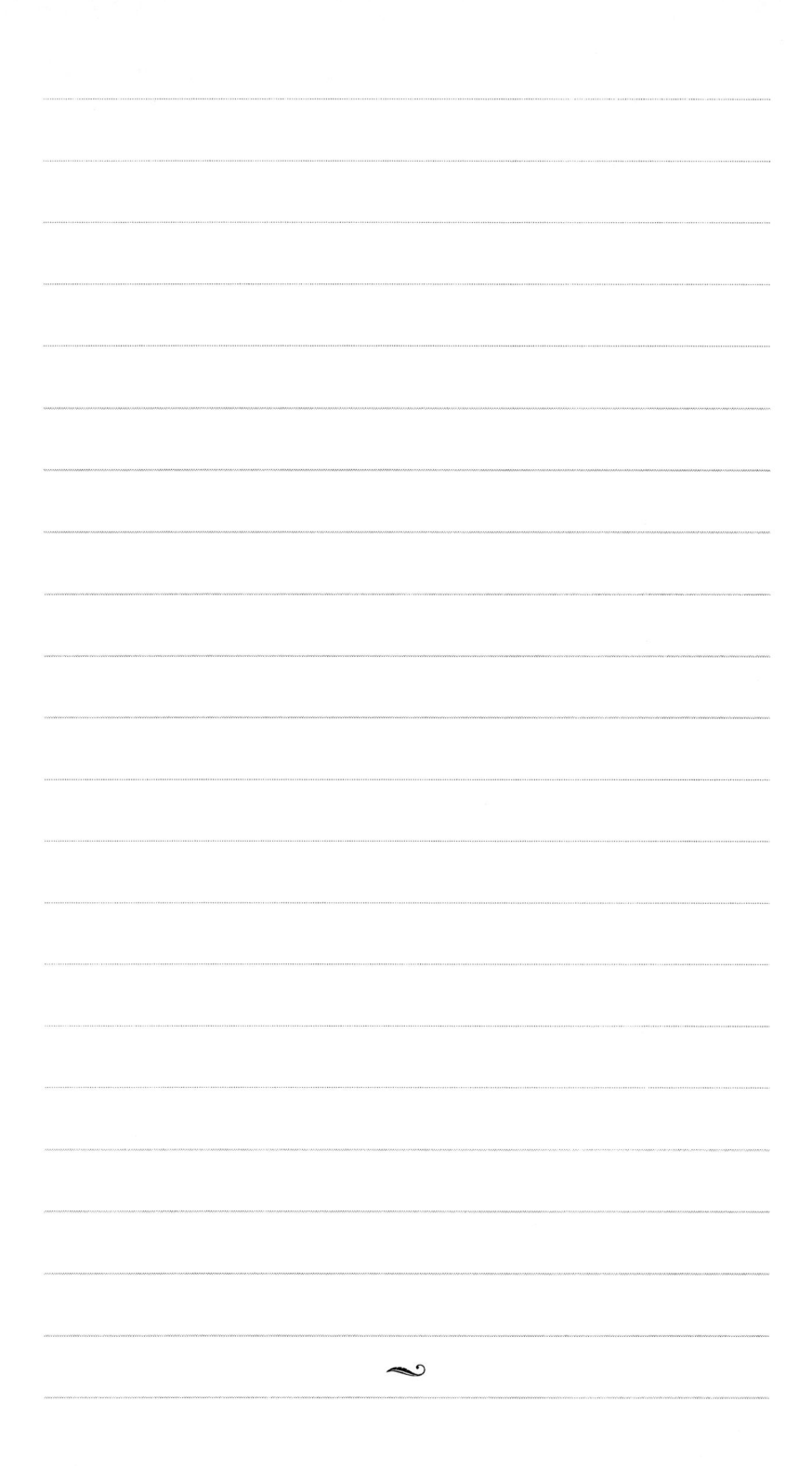

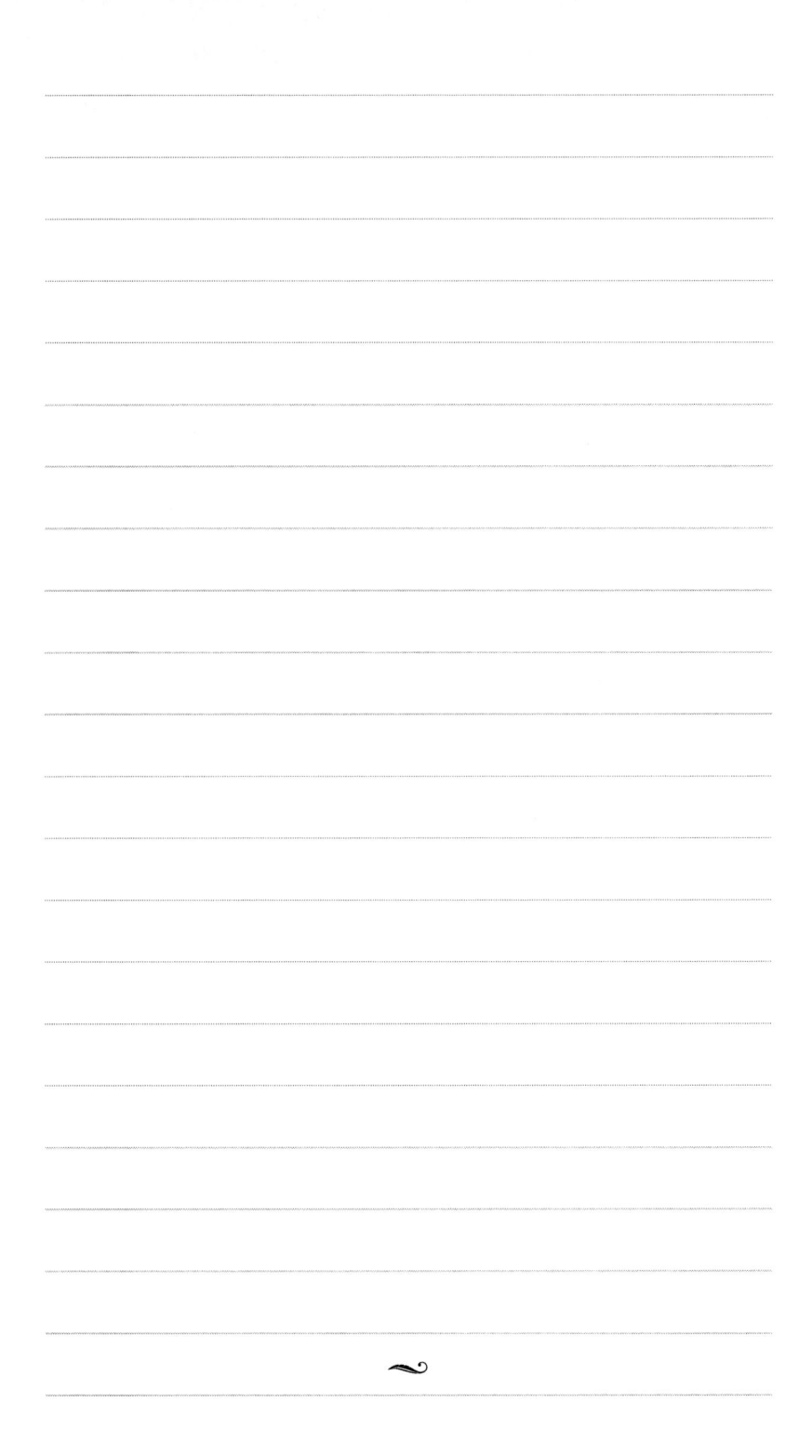

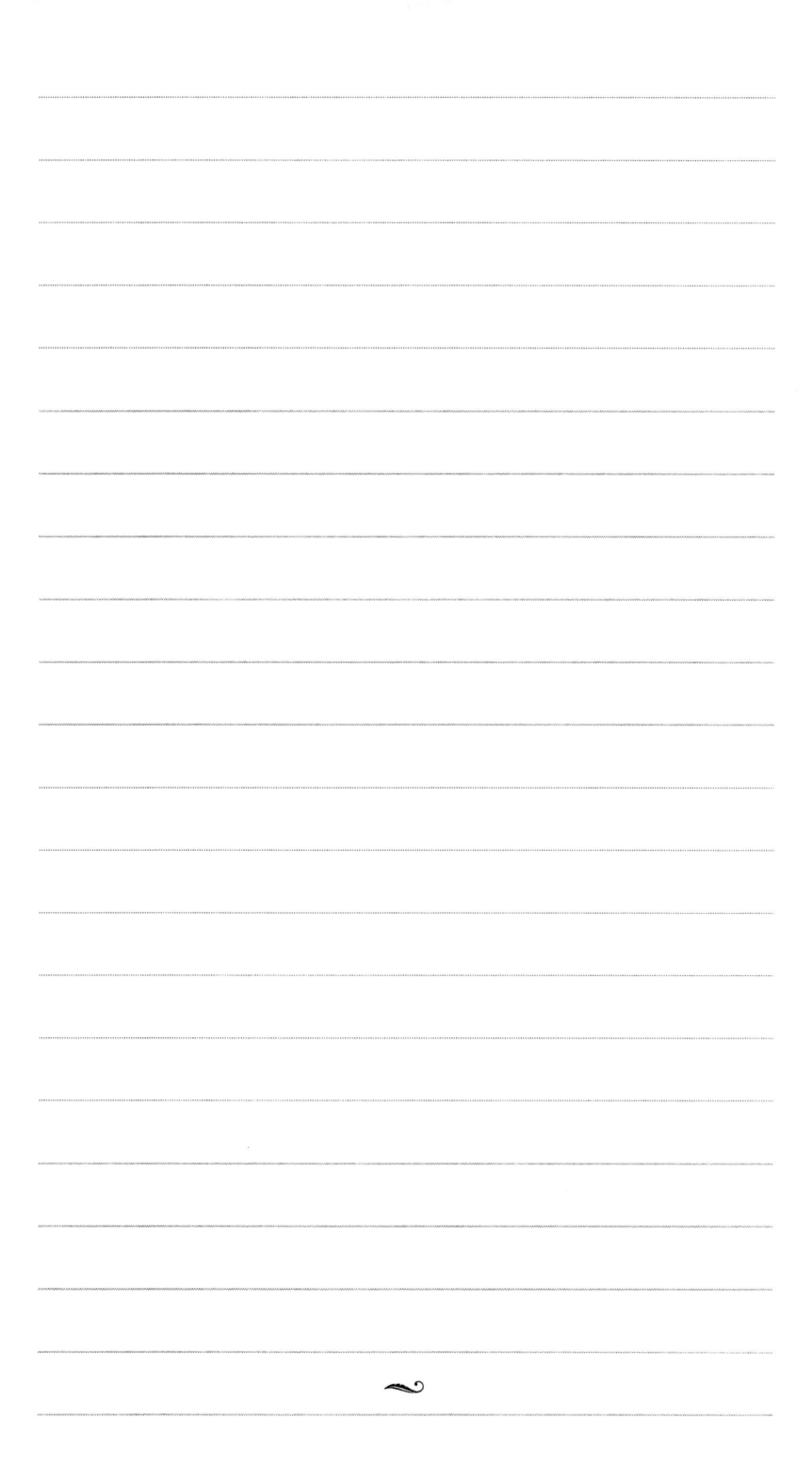

Author: Leslie Hamp

Book and cover design: Roslyn Nelson

Publisher: Little Big Bay LLC
littlebigbay.com

ISBN 978-0-9834330-4-0

Library of Congress Control Number: 2011944908

BEAUTIFUL JOURNAL is a companion
to *Create the Life You Crave!* Both were created by Leslie Hamp
who lives along the shores of Lake Superior and Lake Michigan
where she teaches Pilates, kettlebells and journaling workshops
to help busy women establish healthy, balanced lives filled with
prosperity. Leslie offers dynamic programs, workshops and classes
guaranteed to help others unleash momentum and success.

Her books are available on Amazon.com and at bookstores.
Contact her at www.lesliehamp.com

CPSIA information can be obtained at www.ICGtesting.com
Printed in the USA
LVOW121520050212

267068LV00001BA/1/P

9 780983 433040